中医养生丛书

[明]袁黄 撰

严蔚冰 整理 导读

袁了凡
静坐要诀
摄生三要

上海古籍出版社

图书在版编目（CIP）数据

袁了凡静坐要诀 ；摄生三要 /（明）袁黄撰 ；严蔚
冰整理、导读. -- 上海 ：上海古籍出版社，2024. 9.（2025.5重印）
（中医养生丛书）. -- ISBN 978-7-5732-1315-0

Ⅰ. B945；R212

中国国家版本馆CIP数据核字第20245D3M16号

责任编辑　徐卓聪
装帧设计　严克勤
技术编辑　伍　恺

袁了凡静坐要诀　摄生三要

［明］袁　黄　撰

严蔚冰　整理、导读

上海古籍出版社出版发行

（上海市闵行区号景路 159 弄 1-5 号 A 座 5F　邮政编码 201101）

(1) 网址：www.guji.com.cn

(2) E-mail：guji1 @ guji.com.cn

(3) 易文网网址：www.ewen.co

印　刷　上海丽佳制版印刷有限公司
开　本　787×1092　1/16
印　张　9.25
插　页　2
字　数　129,000
版　次　2024 年 9 月第 1 版
　　　　2025 年 5 月第 2 次印刷
印　数　3,301—5,600
ISBN　978-7-5732-1315-0/B·1415
定　价　49.00 元

如有质量问题,请与承印公司联系

序：感悟生命整体观

《黄帝内经·上古天真论篇第一》曰："上古之人，其知道者，法于阴阳，和于术数，食饮有节，起居有常，不妄作劳，故能形与神俱，而尽终其天年，度百岁乃去。"一直以来，养生的关键都在于建立正确的生命整体观，现代人如何养生，严蔚冰先生给出了一个很好的参考。

与严蔚冰相识逾二十年，深感其为人谦厚，虚心学习，不局限于一门一术，在长期的学习和实践中不断体悟并屡有所得。另一点给我印象深刻的是严蔚冰尊重师承、尊重经典，不自诩、妄言，这在当下是尤其难能可贵的。

近几年来，严蔚冰每年都有进步。2004年以来，他所编辑整理的古本《易筋经》，先后在香港、台湾、上海等地出版发行。2009年，严蔚冰传承的"古本易筋经十二势"申报为上海市非物质文化遗产。2010上海世博会，严蔚冰带领86名上海市易筋经小区辅导员在世博园中国元素区进行了为期一周的展演。同时又先后在台湾和上海出版了整理本《洗髓经》。在编写、整理导引学专著的同时，严蔚冰着力于长三角地区的导引养生社会化科普工作，得到市、区科协的大力支持。2011年在上海市科协的支持下，成立了国内唯一的导引医学科研机构上海传承导引医学研究所。如今，严先生整理并导读的《袁了凡静坐要诀》，又将由上海古籍出版社出版发行，实在是值得关注和庆贺。

静坐是有益身心健康的导引养生法，儒、释、道、医四家对静

1

坐都是重视的，凡有成就者都是在心静的状态下智慧显现，俗称"灵感"。中华导引学经典理论认为："心"和"身"是构成人体生命的两大要素，缺一不可，人体生命的最佳状态应该是"心全于中，形全于外"（《管子》），心和身应该全面健康。所谓的"形全"，就是在"心"的主导下，内而五脏六腑，外而四肢百骸，通过经脉十二，络脉十五，把整体联系起来，使"五脏坚固、血脉调和、肌肉鲜利、皮肤致密。营卫之行不失其常，呼吸微徐，气以度行，六腑化谷，津液布扬"（《灵枢》）。

由此可见，修身应先行导引，以祛病筑基。严蔚冰倡导的以《易筋》强筋壮骨，以《洗髓》洗涤心灵，以《静坐》感悟生命的生命整体观，次第清晰，进阶有基，具备科学性和完整性。精炼实用，堪称大道至精至简。故乐意为之作序。

林中鹏

壬辰年秋末识于北京

前　言

1. 身心调和的妙法

　　静坐法是适合现代人调和身心、启迪智慧的妙法，摄生三要是中医养生的基础。静坐法和摄生三要易行而有效，若能在工作与学习的间隙"忙里偷闲"，静坐养神，可以及时消除工作和学习时所产生的身心疲劳，防止工作和学习中的差错。在静坐中培元养气，能达到固本培元、安神补脑之功效。

　　现代有为数不少的中青年人出于各种原因在学习静坐和养生，若能依此静坐养生要诀和摄生三要，将其逐渐融入生活中，首先从减少应酬和熬夜做起，尽量减少在外应酬的时间，让身心松弛下来，就会逐渐体会到静坐的轻松和愉悦。静坐时体内会分泌出一些有益的激素、酶和乙酰胆碱，这些物质有利于身心健康，能把血液的流量、神经细胞的兴奋调节到最佳状态。身心调和了，心静了，思虑自然也清楚了，精神也会好起来。

　　现代人的生活和工作多以坐为主，尤其是生活在城市里的人，无论在家里，还是出门途中，或到工作单位，绝大多数的时间都是坐着，在校学生更是如此，于是就会有人问，整天坐着还需要专门去学习静坐法吗？答案是肯定的。事实上，工作生活在城市里的人们，尤其是从事脑力劳动的人太需要了解和学习静坐法了。静坐法可以对治普遍存在的工作压力和由于工作压力造成的心理问题，如焦虑、抑郁和浮躁等。静坐法可以让我们的身心及时消除疲劳、减缓压力，让身心逐渐安静下来。而只有在身心都安静下来后，人的良知和潜能（真正的智慧）才能显现。一个身心健康又有良知智慧的人，要想成就一番事业是不难的。

静坐时规范的坐姿能使人体气血运行得到改善，再融入聚精、养气、存神三要素，久而久之，身心就会随之改变。静坐时需要专注于呼吸，让散乱的心思逐渐回归自我。呼吸法是介乎身心之间的桥梁。中医学认为，肺开窍于鼻，鼻通乎天气，肺朝百脉。静坐时刻意调整呼吸能调和人体百脉。现代人总是待在封闭的房间内抱怨着身心疲惫，若能懂得借助于呼吸法，就能改善人体的内环境。人体的气血循环改善了，就会影响人的心脑，心脑供血供氧充足，则思维也会清明。如此逐渐使得身体与精神归于统一。

2. 静坐法的近代传承

学习静坐是一种个人内在修养的传承，也是一种实用养生文化的传承，修习静坐最显而易见的是个人气质的提升，这就难怪旧时的读书人多有静坐的习惯了。

静坐法的传承有文字和面授两个方面。近代静坐法的推广是由蒋维乔[①]和丁福保[②]二位学者著书立说和身体力行开始的。蒋维乔先生在1917年冬月完成了《因是子静坐法》。根据记载，蒋维乔先生中年时看到日本国流行的《冈田式静坐法》，作者冈田称是他自己发明的，这就促使蒋维乔先生起心要写一本适合于当代人的静坐书籍。《因是子静坐法》大量参考运用了道家养生的理念和方法，却不言阴阳、坎离、铅汞等术语，而采用现代心理学和生理解剖学的原理写静坐，大受国人欢迎。其后《续篇》，则完全依于佛家经典，以禅坐为基础。

同时期，佛学家丁福保先生于1920年6月出版《静坐法精义》，穷经溯源地从《大智度论》和《小止观》中寻找理论和方法，但其静坐理法多源自袁了凡的《静坐要诀》。丁福保先生强调："据此则知静坐确有口诀。若获其诀，即有事半功倍之益也。"（《静坐法精义》序）丁福保先生和蒋维乔先生都是大学问家，亦是近代真修实证的修行人。丁福保先生所写《静坐法》，最重要的贡献是从现实追根溯源，回到了经典里，又用世人容易接受的"问答体"和养生科普的形式来推广。然而人们知晓丁福保先生大多是因其编著的《佛学大辞典》，对其医药卫生方面的专长了解甚少，《静坐法精义》的流通也不甚广，倒是蒋维乔先生依自身实证所著的《因是子静坐法》一版再版。学习静坐法关键是要有具修证的明师指点，并且要依照一个完整的法本。在学习《袁了凡静坐要诀》时，建议先阅读《因是子静坐法》。民国时期性怀和尚在校刊《静坐要诀》时，特别加了一句"读此书者宜先读《因是子静坐法》"，说明此乃一脉相承。

3. 静坐与坐禅

《袁了凡静坐要诀》讲的是静坐，但其法诀源自禅门。静坐法是世间法，是以静为主（含初禅、二禅、三禅、四禅），而坐禅则是出世间法，以明心见性为目的，求得究竟的安乐。禅门之"坐禅"，也叫做"禅定"。如何理解"坐禅"和"禅定"。唐代禅宗六祖慧能大师说："善知识，何名坐禅？此法门中，无障无碍，外于一切善恶境界。心念不起，名为坐，内见自性不动，名为禅。善知识，何名禅定？外离相为禅，内不乱为定。外若着相，内心即乱，外若离相，心即不乱。本性自净自定，只为见境，思境即乱。若见诸境心不乱者，是真定也。善知识，外离相即禅，内不乱即定。外禅内定，是为禅定。"

总之，静坐是为了养生，属于健身延年的方法，而坐禅则是修佛的途径，无疑归属于修行的范畴了。

4. 袁了凡与医学世家

袁了凡（1533—1606），初名表，改名黄，字庆远，一字坤仪，初号学海，后号了凡。浙江嘉善县人，晚年隐居吴江，号赵田逸农。万历十四年（1586年）进士，礼部观政。万历十六年（1588年），授宝坻县（今天津市宝坻区）知县，有政声。万历二十年（1592年），赴京觐见神宗皇帝，升任兵部职方司主事。万历二十一年（1593年）正月，袁了凡随经略宋应昌、征东提督李如松去朝鲜抗倭，神宗"特赐四品服以示重"。同年三月遭主帅李如松参劾被革职，解甲归田。天启元年（1621年），朝廷追叙东征（万历朝鲜战争）功，下诏追赠袁了凡尚宝司少卿。清乾隆二年（1737年），袁了凡逝世131年后，入祀嘉善县魏塘书院"六贤祠"。

袁了凡出身于"文献世家"和"医学世家"。袁了凡说："我家及南北二钱（姑夫钱薲家）与冯氏，皆以医起家，心在活人，功存济世，上天报施，断不爽也。"（袁黄《游艺塾文规》）袁氏世居陶庄，高祖袁顺家有"田四十余顷"，藏万卷书，精通经学，对《易》、《诗》、《书》、三《礼》、《春秋》三传都有研究。尤精《易》和术数之学，善卜筮。旧时医卜不分，医者治病，卜者防灾。

曾祖袁颢（1414—1494），字孟常，号菊泉，又号汾湖散人。袁颢出生后送给吴江良医徐孟彰，从小接受养父中医的传承。稍长，又接受父亲家学的传承。袁颢得"皇极数"的正传，著《痘疹全书》初稿，经过五代子孙的努力完成了《袁氏世传痘疹全书》。他认为"惟医近仁"，一生寓意于医。袁颢著《袁氏家训》传家，教导子孙们习济世仁术，奠定了袁氏医学世家的基础。

祖父袁祥（1448—1503），字文瑞，号怡杏。自幼送给嘉善名医殳珪，继承受家秘传医学。他精通术数和象纬之学，著《六壬大全》等，一生不为名利而隐逸于医。

父亲袁仁（1479—1546），字良贵，号参坡，自称百懒道人。袁仁是位家学深厚的名医，还与王阳明先生及其弟子王艮、王龙溪等来往甚密，著《一螺集》等，一生寓情于医。袁了凡之子袁俨说："闻诸吾父，谓吾祖之学无所不窥，而特寓意于医，借以警世觉人。"

　　袁氏医学的优势在于不仅博采众家之长，还根植于"文献世家"。对于袁氏家族来讲，"上知天文，下知地理，中知人事"并不是一句空话，而是其家传绝学，连当时学识渊博的徐有贞（曾任内阁首辅）也曾惊叹："父子（指袁颢与袁祥）之间，举千古绝学，自相授受，遂使旋乾转坤之略，辅世长民之蕴，尽在蓬门斗室中，亦奇事也。"

　　袁了凡在家排行老四，幼禀家学，博览群书，父亲有意让其学举业，父亲去世后奉母命学医。纵观了凡先生的一生经历，于九流诸家无所不窥，尤邃于医。

　　袁了凡著作中最为知名的《了凡四训》，一直以来被当作家训和善书来看待，其实《了凡四训》也是一部医书，是一个治疗人们命运的"立命处方"。医家处方讲究"君、臣、佐、使"，《了凡四训》中"立命"为君药，"改过"为臣药，"积善"为佐药，"谦德"为使药。此医方用来"治身"和"治命"。袁了凡说："至'修身以俟之'乃积德祈天之事。曰修，则身有过恶，皆当治而去之；曰俟，则一毫觊觎，一毫将迎，皆当斩断之矣。到此地位，直造先天之境，即此便是实学。"修身，医家称为治身，治身之法是一门实实在在的学问，再上升到治命，这是医学上的重大突破，袁氏"立命方"是用来主治"命运不济"。袁了凡还编著有《净行别品》、《训儿俗说》和《功过格》等，这些"医书"当今称为"行为医学"和"身心医学"。纵观袁氏医学的发展，偏重于儒医特色的文化传承和非药物疗法的技法传承，这也是当今世界医学界所关注的话题。

　　袁了凡《祈嗣真诠》是一部中医优生学的专著，其在《自序》中说道："予气清而禀弱，苦乏嗣，风讲于星占、术数之学，知命艰于育，且安之矣。后游建康之栖霞，遇异人授以祈嗣之诀，谓天不能限，数不能拘，阴阳不能阻，风水不能囿。信而行之，果生子。予虑天下之乏嗣者众，而不获闻是诀也，因衍为十篇，以风告之。俾嗣续有赖，生齿日繁，而家家获螽斯之庆，吾愿慰矣。嗟嗟，岂独生子一节乎哉？命可永也，穷可达也，功名可建也。触而通之，是在智者。"全书共十篇:《改过第一》、《积善第二》、《聚精第三》、《养气第四》、《存神第五》、《和室第六》、《知时第七》、《成胎第八》、《治病第九》、《祈祷第十》。"改过"、"积善"被《祈嗣真诠》列在第一和第二篇(后又编入《了凡四训》),可见凡事立命在先。第三"聚精",第四"养气",第五"存神"互为次第(后又编为《摄生三要》),这是改变准父母自身身心状态的良药,也是孕育健康宝宝的前提基础。加上第六"和室"、第七"知时",共同构成了中医三因制宜(因时因地因人)的原则。最后的"祈祷"就是全家一起期盼迎接一个健康聪慧的宝宝,正是为了构建一个"和谐安宁"的家庭氛围。

袁了凡自幼习静坐,后到宝坻任知县著《静坐要诀》。静坐之法在医学界属于导引养生范畴。先贤们倡导用静坐之法,养神安神,认为静坐之法小可治病,大可入道。

袁了凡著作等身,勇于实践,当时三教九流的人士都愿意向先生请益,因其精通儒、释、道三家,并融合进医道,其好友冯梦祯[3]在《寿了凡先生七十序》中说:"先生于九流诸家无所不窥,尤邃于医,即点化黄白、枕中石函之秘,世儒所云捕风捉影,不可希冀万分一者,而先生以为必有,即试之而败,不较,故挟数负术者入幕颇多,则方外之士知有先生。"(冯梦祯《快雪堂集》)

袁氏世代行医,他们留下的宝贵经验,在今天仍值得我们借鉴。

5. 本书的内容与编排

古人云:"取法乎上,得乎其中;取法乎中,得乎其下;取法乎下,则无所得。"余选择袁了凡的《静坐要诀》,是其法可信,有法可依,又比较容易上手,是对治当下浮躁与急功近利的一剂良药。为了便于读者修习,余根据自身数十年研习静坐之心得,撰写"静坐入门"置于前。精选了《摄生三要》作为实修实证的方法并做导读,使学者更易受益。复于诸多的静坐书中取《六妙法门》、《修习止观坐禅法要》（节选）附于后（本书采用的《静坐要诀》、《摄生三要》及附录的两种书均以 1989—1990 年上海古籍出版社出版的"气功·养生丛书"本为底本整理），使之更完善、更系统。

注释

① 蒋维乔：蒋维乔（1873—1958），字竹庄，号因是子，江苏武进人，近代著名教育家、养生学家。著有《因是子静坐法》"正篇"和"续篇"等。
② 丁福保：丁福保（1874—1952），字仲祜，号畴隐，又号济阳破衲，江苏无锡人。早年肄业于江阴南菁书院，曾任京师大学堂译学馆教习，后于上海创办医学书局。博学，主编的《佛学大辞典》为佛学界所熟知，另有《文选类话》、《说文解字诂林》等。
③ 冯梦祯：冯梦祯（1548—1606），字开之，号具区，秀水（今嘉兴市秀州区）人。万历五年（1577 年）会试第一名，授翰林院编修，官至南京国子监祭酒。著有《快雪堂集》。

目　录

摄生三要 / [明]袁　黄

附录一　六妙法门 / [隋]智　颛

附录二　修习止观坐禅法要（节选）

/［隋］智 颛

静坐入门

严蔚冰 撰

一、从繁忙中解脱出

忙是当今妨碍身心健康的重要原因之一，作为借口只要说个忙字即可推脱，谁也不

一、从繁忙中解脱出来

忙是当今妨碍身心健康的重要原因之一，作为借口，只要说个忙字即可推脱，谁也不会去追究到底在忙什么。古人造字很有意思，"忙"的左边是"小心"，右边是"亡"，其字意"小心亡"，即小心死。常常有人抱怨"忙死了"、"忙死了"，后来真的死了。忙死了，现代名曰：过劳死，亦名猝死。猝死的例子很多，为什么还有这么多人仍然在忙呢？说是快节奏，其实是与自己过不去，每天弄得精疲力竭，透支生命，遇到节假日，全家出动，长途跋涉去旅游，人就像一台高速运转的机器，愈转愈快，整天忙个不停，突然空闲下来，反而感到不习惯，这成了当下的通病。

据生命科学研究，人在精神好的时候，体内会分泌出一些有益的激素、酶和乙酰胆碱，这些物质有利于身心健康，能把血液的流量、神经细胞的兴奋点调节到最佳状态。相反，终日郁闷忧伤，贪、瞋、痴、慢，就会使这种有益的激素分泌错乱，内脏器官功能失调，发生胃痉挛，引起血压升高，造成冠状动脉闭塞，还特别容易引起心脏病，猝死就是心脏突然出现了问题，要预防这类危险，及时静坐、及时消除身心疲劳是一个好办法。我们学习静坐，会遇到很多障碍，最大的障碍还是自己，一天忙到晚，坐不下来，静又从何谈起？

解决方法：重新整理一下自己的生活，可做可不做的事，不做；可去可不去的地方，不去；可看可不看的影视，不看；可吃可不吃的饮食，不吃。把省出来的时间用在静坐上。先在静室内慢慢走动，或闭着眼睛站一会儿，等到两腿发酸发胀时，再坐下来，一开始只要坐

5 至 10 分钟即可，静坐的方法可参照闭目养神静坐法（详见第 6—8 页）。练习得法以后，静坐时间逐渐延长。闭目养神静坐法随时都可以做，尤其是整天面对着计算机、电视、手机屏幕的一族。

学习静坐，可以知晓自己的心是浮躁的、散乱的，当自己意识到需要安静时，其实已经入门了，就是这么简单，这一点非常、非常之重要，自己若能种下一个"静"的良因，一定会结出一个"定"的善果。我们知道心静则气和，气和则血顺，调和气血是根本。当心境逐步归于凝静时，不但可以祛病强身，而且可以改变性格。性格都能改变，还有什么不能改变的呢？

二、静坐的基础

　　初学静坐须打好基础，如果能用三个月至一年的时间练《易筋经》之"易筋十二势导引法"，于动中求静，使筋骨强健，精力充沛，那么再练习静坐时就不会出现昏沉的现象。在静坐中不犯昏沉，身心就愉悦，但是愉悦的境界很容易被散乱的障碍所破坏，心猿意马，胡思乱想，这是由于心不清净，那么在静坐前先练习《洗髓经》，从行、住、坐、卧、睡时下手，将心髓、脑髓洗涤干净，就能专注一境，心无旁骛，行"握固冥心坐"了。《易筋经》、《洗髓经》这两步是非常实用的，打好静坐的基础，才能渐入佳境，与此同时按照《摄生三要》的要求做好聚精、养气、存神，才能入门。

　　最近几年，随着国学热和养生热的兴起，很多中青年人开始学习静坐，也有为数不少信仰宗教的中老年人开始学习静坐入定。由于各自学习静坐的目的不同，加上每个人身体的差异性，在学习静坐的初始阶段，首先会遇到自身的身心障碍。如何克服静坐时的身心障碍，是我们必须要了解的。其实人生中不学习静坐也同样会有相同的身心障碍出现，关键是我们是否已经掌握了消除障碍的方法。

三、静坐的五种基本坐法

　　静坐可以垂腿坐，但更多的还是盘腿坐。盘腿坐又分为散盘、单盘和双盘，建议初学者先练垂腿坐，逐渐再练习散盘、单盘和双盘，这样可以克服腿脚麻痛的障碍。如果一上来就单盘或双盘，腿脚肯定会麻木和疼痛，很容易造成怕上座的心理，这对以后的静坐是不利的。即使先天腿脚条件非常好，可以轻而易举地做到双盘，也要循序渐进，切忌急于求成。年轻女性最好采用单盘，八九十年代曾有报道，有体操和舞蹈功底的人，双盘时间过长，下肢失去了知觉，对于这些盲修瞎练酿成的后果，即使是专业的医生也常束手无策。下面详细介绍五种基本坐法：

1. 垂腿静坐法

　　垂腿静坐法最适合初学静坐者，便于随时调整脊柱，养成良好的坐姿，尤其对学生的学习有很大的帮助。日本曾经在学校里推广过课前3分钟超觉静坐法，对接下来的40分钟课堂学习有很大的帮助。具体步骤如下：闭目养神静坐法，取垂腿坐姿，全身放松，两手放在腿上，咬牙，两眼微闭，舌尖向上腭抵3至5次，待口腔生津后，将津液咽下，然后舌抵上腭，眼珠下视、左视、上视、右视，顺势旋转十至二十圈，然后保持下视状态，注意调整呼吸，先用鼻子慢慢吸气，再用口慢慢呼气，数至十息，即可两掌对搓至发热后，用掌熨两眼眶，再慢慢睁开眼，当睁开眼睛发现光线比刚闭目时稍暗了一点，

垂腿坐（正身位）

垂腿坐（侧身位）

搓掌

熨目

说明闭目养神成功。此法能及时消除疲劳，适合长期在办公室工作的人群，也为以后学习静坐打下基础。

闭目养生法。正坐闭目，调匀鼻息。时间不拘长短，以不昏沉为宜。

下坐前，两手对搓，待手掌发热后，先熨眼眶，然后睁眼。

2. 散盘静坐法

散盘静坐法的坐姿比较自然。日本和韩国大多数家庭目前仍然采用散盘坐法，他们将散盘坐融入生活中。散盘坐最直接的效果是人体重心下降，下肢关节灵活，不易跌倒。

所谓散盘坐即两腿自然内收盘坐，两手握固（先屈拇指于掌心，然后握紧四指）。握固后，置于膝盖两侧，冥心静坐，此法比较适合睡前在床上进行，大约15分钟至20分钟，可提高睡眠质量。早晨起床前，亦可以在床上坐15分钟左右。

散盘坐

3. 握固冥心坐

修习一段时间垂腿坐和散盘坐，养成每日静坐的习惯后再开始学习握固冥心坐。具体方法参见图（1）—（9）。

握固冥心坐（1）

左脚收起，脚后跟抵会阴，成脚握固。

握固冥心坐（2）

　　右脚收回，两腿自然内收盘坐，两手握固，置于膝盖两侧，冥心而坐。

后身位图解

握固冥心坐（3）

　　静坐毕，用手指肚从发际贴紧头皮向后做干梳头 20 至 30 次。再依次按摩脸部、颈部、腰眼 20 至 30 次。

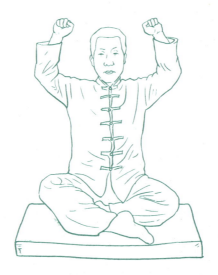

握固冥心坐（4）

　　按摩毕，两手握固上举如伸懒腰状 3 次。

握固冥心坐（5，6）

再用手搬开两腿，慢慢将两腿伸直。

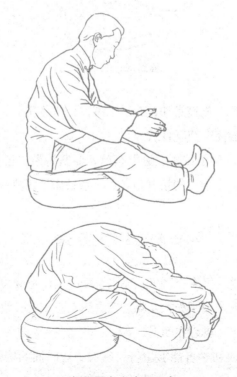

握固冥心坐（7，8）

　　用手按摩腿部、膝关节、小腿部，最后两脚脚趾内收，用两手去摸脚趾，再放开两臂向后打开，两手前伸时呼气，两臂展开时吸气，重复5至7次。（这一导引动作源自坐姿八段锦，名曰两手攀足固肾腰。）

　　以上按摩和导引动作非常重要，下座前每次都必须要做，养成良好的习惯，有益身心健康。

握固冥心坐（9）

　　按摩后下座，慢慢走动，然后下蹲，行"易筋十二势导引法"之预备势，使下肢完全恢复自然。

　　上述方法，对保护腰、腿很有效，要坚持做。很多人静坐很精进，但疏忽了静坐前后的按摩与导引，结果伤了腰膝，十分可惜。

4. 双盘静坐法

　　双盘静坐法，又名全跏坐，亦名全跏趺坐，是最为稳妥也是最难的一种坐姿。此坐姿须先把左脚放在右腿上面，足心朝上，然后再将右脚放到左腿上，脚心亦朝上。

　　此法非一般初学者能够施行，须有一段时间的锻炼或先天筋骨柔韧。

双盘坐

5. 吉祥坐与降魔坐

右脚收起放在左腿上，叫吉祥坐。左脚收起放在右腿上，叫降魔坐。此二法统称为单盘坐。

吉祥坐   降魔坐

侧身位

以上几种方法为静坐入门法，是最基本的功夫，比较容易被忽略，因此细化后单独讲解和练习。这些方法都出自《六妙法门》，六妙法门是指数息、随息、止息、观、还、净，前三法是帮助入静的法门，后三法是帮助生起智慧的法门。六种妙法能解决静坐时出现的六种障碍，如静坐时胡思乱想，散乱障碍生起时可用数息门对治；当静坐时出现昏昏欲睡的障碍，可用随门对治；当静坐时心急气粗时，可用止门对治；当静坐时贪欲生起时，可用观门对治；当静坐时出现邪见时，可用还门对治；当静坐时生出嗔恚时，可用净门对治。

静坐要诀 [明] 袁黄 撰

导读

《静坐要诀》的原作者是明代大学问家袁黄，说到袁黄现在很多人都不清楚是何许

导　读

　　《静坐要诀》的原作者是明代大学问家袁黄，说到袁黄，现在很多人都不清楚是何许人，但是一提起《了凡四训》的作者袁了凡，知道的人就很多，因《了凡四训》在佛教界乃至民间都流传甚广，而人们对袁了凡的另一部传世名著《静坐要诀》则知之甚少。余在整理《静坐要诀》时，专程就此请教古籍出版界的专家，他建议书名可为《袁了凡静坐要诀》，如此则读者一目了然。

　　如今袁氏子孙依祖传四训，已成旺族，2001 年陈晓旭投资拍摄的四集电视剧《了凡四训》中，其后人甚以身为了凡公的后代而骄傲。如今在浙江嘉善还立有了凡公半身铜像，重修了袁了凡墓园。

　　袁了凡是明朝万历十四年（1586 年）的进士，曾历任宝坻知县（今属天津）、兵部职方司主事。为官时对于农业、水利、军事、历法、中医养生等，都有专著留世。袁了凡博览群书，早年人生经历在《了凡四训》里有详细记载。从其留下的著述来看，精通易理、医道、佛学、儒学和道学，尤其对养生学有深入研究并有证悟，并将其融入医道。

　　袁了凡著有《静坐要诀》、《祈嗣真诠》、《摄生三要》（系从《祈嗣真诠》中摘录）等养生专著，称其静坐法源自禅门，又传承了天台宗"止观法门"。他通过自己的实证总结出来的《静坐要诀》，由《自序》、《辨志》、《预行》、《修证》、《调息》、《遣欲》、《广爱》共七篇组成。

　　袁了凡在《静坐要诀》序中说："昔时有人苦无记性，静坐百余日，遂一览无遗。"对于这样的结果，袁氏认为只是修习静坐法的枝末，如果仅满足于这些枝末，那是对"静坐法门"的误解。由于他是站在实修的立场上来阐述"静坐要诀"，特别强调了自己的传承和实证，初习者比较容易上手，入门正确而不会产生偏差。如此一边阅读一边修习，慢慢地就会喜欢上静坐。这是至关重要的。如果上手门路不对，则会愈坐愈迷茫，到头来还不如不学。现在很多学习静坐者多苦于手头没有一本指导实修的专著而感到无所适从，若能认真研读《静坐要诀》，经常请教有实修经验的老师，那么修习静坐法是很安全、很享受的。

为了方便阅读，余在整理《静坐要诀》过程中，将繁体字和异体字改为简体字和通行字，加上现代标点符号，根据内容重新分段，并对《静坐要诀》中的佛教名相作了注释。此外，袁了凡论静坐与丹道等相关问题的书信，对于初学者非常有用，今附于后。

其中一封是《答马瑞河问静坐书》。袁了凡在宝坻任知县时刊印《静坐要诀》，时任保定知府的马瑞河读后大为感佩，以弟子的礼仪向了凡先生提了十三个有关静坐的问题。因为都是初学者容易遇到的问题，为便阅读，今试译为白话文附于后，供读者参详。

另一封《答严天池问调息书》，是袁了凡将近七十岁时所作。严天池曾任福建邵武知府，为官清廉，善古琴。了凡先生详细回答了严天池的问题，并将《静坐要诀》推荐给他。

其余如《了凡论静坐》（标题为整理时所加）、《与陈颖亭论命书》等，亦足资参考。

下文就《静坐要诀》诸篇逐一导读，大家一起感受这一调和身心、启迪智慧的妙法。

辨志篇

"辨志"是《静坐要诀》的开篇。辨志是辨志向，在此是辨明静坐的目的。袁氏认为，无论做什么事情，首先把方向搞准，如果一开始方向就错了，那么再努力也是白搭。静坐也是如此，必须先明确目标，当目标方向明确后，再开始学习静坐法，如果没有明师指导，又无典籍可依从，那就属于盲修瞎练，轻者会产生偏差，重者就会走火入魔。注意上面提的是明师，而非名师。明师指有修有证、明白静坐法之原理的老师。学习静坐前的起心动念非常重要，心里要平静，无所求亦无所欲，只存仁，不要有什么功利心。内心存仁是种因，只有心里存着仁，才能导致中和，和就是和气，达到心平气和是结果。

豫行篇

《静坐要诀》主要讲实修，实修前的预行就显得很重要。静坐法归根结底是为了修身养性，下面这段话是"豫行"的核心："何谓随处养心？坐禅者，调和气息，收敛元气，只要心定、心细、心闲耳。今不得坐，须于动中习存，应中习止。立则如斋，手足端严，切勿摇动。行则徐徐举足，步动心应。言则安和简默，勿使躁妄。一切运用，皆务端详闲泰，勿使有疾言遽色。虽不坐，而时时细密，时时安定矣。如此收心，则定力易成，此坐前方便也。"

静坐不是一朝一夕的事，是长久的行为，长期在静坐时保持静的身心状态。学习静坐法是体悟静，而习静并非只有坐着不动一法，关键是要把握住一个"静"字。若能在日常生活中，将行、住、坐、卧，都融入静的元素，那么生活中的"快"和工作中的"忙"也会因为静而有所变化，工作、学习效率先会有事半功倍之效果。静坐法和世间法是没有矛盾的。

修证篇

修证就是有修炼、有证悟，通过静坐的实践，生理上会产生反应，这种静坐状态下的生理反应叫做"触动"，俗称"气感"，佛家称之为"善根发相"。静坐早期的触动有八种，后期的触动亦有八种，统称十六触。十六触是在静坐过程中发生的。静坐之初所产生的八触分别是：一、动，二、痒，三、凉，四、暖，五、轻，六、重，七、涩，八、滑。这是粗八触。八触中涩和滑，轻和重，凉和暖，动和痒，都是相对应的触动。触动的动静较明显，当出现八触后，不要紧张，顺其自然即可。痒触又叫蚁行感，大多发生在脸部，静坐时脸上好像有蚂蚁在爬的感觉，不要用手去摸，过一段时间会自然消失的。待静坐再深入一层，就会产生新的八触，这新八触分别是：一、掉，二、猗，三、冷，四、热，五、浮，六、沉，七、坚，八、软。掉和猗，冷和热，浮和沉，坚和软，也都是相应的触动。新八触，又叫细八触，与先前出现的粗八触虽然相似，但是仔细辨别，有所不同。这些触动都是由四大而发，地大生重、沉、坚、涩；水大生凉、冷、软、滑；火大生暖、热、猗、痒；风大生动、掉、轻、浮。对于出现十六触，应有的态度，明师说："得之不喜，失之不忧。"这八个字非常重要，静坐法若能步步深入，也应始终保持这个心态。未证言证、夸大事实到处宣讲是有问题的，切记！

调息篇

调息即调整呼吸。一呼一吸为息。人生活在空气中，如鱼生活在水中一样，人一刻也不能离开空气。调息这一环节非常重要，每个人都需要认真刻意地学习呼吸方法，有意识地调息。为什么用"刻意"二字呢？因为平时人们都没有专门关注过自己的呼吸，而呼吸又实在是太重要了，佛经说："人命在呼吸间。"生命依于息，一息不来即为命终。《庄子·刻意篇》也说："吹呴呼吸，吐故纳新。"古人云："呼吸一法，贯串三教。"其实何止三家，呼吸一法凡人都应习之。医家有呼吸法，武术技击家有呼吸法，书画家有呼吸法，工巧技艺无不应用呼吸法。呼吸是联结身心的桥梁，要用心刻苦练习调息，以致养成习惯，才能受用终身。

遣欲篇

遣欲就是遣除欲望，慢慢趋向清心寡欲，人有生理和心理的三大欲。生理上一是食欲，二是淫欲，三是睡欲。怎样才能遣除这生理上的三大欲望呢？古人说：气足不思食，精足不思淫，神足不思睡。经过静坐法的实践，实有聚精、养气、存神之功效。心理的三大欲望是贪、嗔、痴。《遣欲篇》中介绍的"白骨观"是"洗髓"法，是去除心理欲望的实修法门。修习白骨观可使妄想和欲望逐步减少，消除人生道路上的迷茫，能令人身心清净，思虑专注，身、心、灵逐步趋于安宁和平静。心平则气和，气和则神形安宁。

广爱篇

静坐法究其根本，就是使自身的良知和潜能得以显现。广爱是培育自己的慈悲心。慈悲心不断增长，自己的心量也会放大，心量大了，烦恼就少了，当下很多心理障碍，究其根源都和心量小、烦恼多有关系。心量大还是对治当下急功近利的一味良药。要想使自己的心量放大，最直接的方法是先要学会舍，古人云：有所失，必有所得。俗话说：量大福大。这两句话非常有道理，广爱、博爱就是教人们心量要大，能忍辱负重，能以德报怨。生欢喜心，感恩心，天长日久，心自清净。

《遣欲篇》与《广爱篇》互为次第。若自己的欲望尚不能遣散，何谈广爱。可先从身边的事做起，用心去关爱身边的亲朋，尤其是长者、孩童。若在关爱时遭遇烦恼，则可视其为修行。待烦恼消退则智慧自增长，所得的果报即是人们常说的"福慧双至"。

袁了凡以《广爱篇》结尾，足证仁爱、慈悲心是静坐法乃至一切养生、修行的根本。

袁了凡先生静坐要诀原序

静坐之诀，原出于禅门，吾儒无有也。自程子①见人静坐，即叹其善学。朱子②又欲以静坐补小学收放心一段工夫，而儒者始知所从事矣。

昔陈烈苦无记性，静坐百余日，遂一览无遗。此特浮尘初敛，清气少澄耳。而世儒认为极则，不复求进，误矣。

盖人之一心，自有生以来，终日驰骤，逐物忘归，动固纷纷，静亦扰扰，稍加收摄，便觉朗然。中间曲折，无明师指授，不得肯綮，或得少为足，或反成疾患，余实哀之。大都静坐之法，其修也，有从入之阶；其证也，有自得之实。一毫有差，永不发深禅定矣。

吾师云谷大师③，静坐二十余载，妙得天台遗旨，为余谈之甚备，余又交妙峰法师④，深信天台之教，谓禅为净土要门，大法久废，思一振之。

二师皆往矣，余因述其遗旨，并考天台遗教，缉为此篇，与有志者共之。

注释

① 程子：指程颢、程颐，世称"二程"，同为理学奠基人。程颢（1032—1085），字伯淳，世称明道先生。程颐（1033—1107），字正叔，世称伊川先生。兄弟俩同学于周敦颐，共创"洛学"，为北宋理学家。
② 朱子：朱熹（1130—1200），字元晦，一字仲晦，号晦庵，又号紫阳，世称晦庵先生，徽州婺源（今江西省婺源县）人。南宋理学家，其学说与"二程"学说合称"程朱理学"。
③ 云谷大师：云谷大师（1500—1575），俗姓怀，法名法会，号云谷，嘉善（今浙江省嘉善县）人。为明代中兴禅宗之祖，长坐不卧四十余年。明末高僧憨山曾师从云谷大师。袁了凡和憨山大师均为云谷大师立传。
④ 妙峰法师：妙峰法师（1540—1612），俗姓续，法名福登，平阳（今山西临汾）人。妙峰法师天生异相，神凝骨坚，长期修苦行，精通工巧明，建寺修桥无所不能。明末憨山大师十分敬佩妙峰法师，共同弘扬佛法。

校刊袁了凡先生静坐要诀缘起

（原注： 读此书者宜先读《因是子静坐法》①）

　　仆幼而多病，长仍孱弱，故于医药卫生诸书，每喜浏览；而古今之方法不同，中外之学说互异，愈慎重，愈易致疾，愈研求，愈无所适从；最后得《天然生活法》（原注：无锡秦同培译述，上海商务书馆出版。）及《粗食猛健法》（原注：邳县刘仁航译，上海阳明书店出版，商务书馆寄售。）二书读之，差强人意，但以其终非根本治疗。

　　迨今夏病痢数月，体力不支，药物之效甚微。加以一家老幼，无不病者，心绪环境之恶，尤使人日夜不宁，无已乃取数年来读而未能实行之《因是子静坐法》（原注：武进蒋维乔著，有正、续二编，正编不可习，宜习续编②。）习之，实较药物之功为大。更进而取《小止观》③读之，则苦不易了解。忽于北平佛经流通处，得袁了凡先生所著《静坐要诀》一书，读之，觉其议论透辟，层次井然，非深通内典④精研性理者不能道也。乃走告同人之多病者、学佛者，共读之。书为之馨，原书来自何地，流通处无可考，书中又不载刊印之处，且原书系木刻活字本，讹误不免，爰为校印，以饷同好。惟有一言，不能不为读者告，即不可仅为却病而习静坐也。

　　首篇《辨志》有云："为名闻利养而静坐，因种地狱。"鄙人校印此书，决不愿读者种地狱因，将来受地狱果。愿读者作彻底之静坐，发大菩提心，立宏誓愿，卫护众生，俾速往生，是为卫生⑤。我亦众生，自得往生。此之谓大卫生家，此之谓去病根，病根既去，则病不却而自却矣。

校刊既竟，记此与读者共勉之。

中华民国十八年己巳

皈依三宝弟子性怀和尚

注释

① 《因是子静坐法》：因是子系蒋维乔的别号，蒋维乔，字竹庄，江苏武进人，近代著名教育家、养生学家，倡导科学养生，著《因是子静坐法》，曾任上海市文史研究馆副馆长。

② 续编：《因是子静坐法》有正篇和续篇二部，正篇理法多依道教，续篇理法纯依佛教。蒋维乔曾皈依天台宗谛闲法师，亦亲近过太虚大师等，故有此语。

③ 小止观：又名《童蒙止观》《修习止观坐禅法要》，是天台宗的入门功夫，因其以小摄广，故名《小止观》，又因其为启迪童蒙，乃开导枢机之宝钥，故又名《童蒙止观》。全书分十章，即具缘、诃欲、弃盖、调和、方便、正修、善根发、觉知魔事、治病、证果。

④ 内典：指佛教经典。

⑤ 卫生：古人所言卫生与今含义不同。古时之卫生是指各种保卫生命的方法，犹言养生。

辨志篇

凡静坐，先辨志，志一差，即堕邪径矣。如射者，先认的，的东而矢西，其能中乎？

天台①有十种邪修，今约之为四。如学者为名闻利养，发心静坐，则志属邪伪，因种地狱矣。如为志气昏愚，欲聪明胜人而静坐，则属好胜之志，种修罗之因。如畏尘劳苦报，慕为善安乐而静坐，则属欣厌之志，种人天之因。如不为名闻利养，不为聪明善业，专为千生万劫，生死未了，惟求正道，疾得涅槃②而静坐，则发自了之志，种二乘③之因。此等学者，善恶虽殊，缚脱有异，其为邪僻，则一而已矣。

若真正修行，只是"仁"之一字。以天地万物为一体，而明明德于天下是也。释迦牟尼，以夏音释之，即是"能仁"二字。菩者，觉也，度也。萨者，有情也，众生也。菩萨二字，为觉有情，又为度众生。佛氏惟菩萨为中道。罗汉出三界之外，成不来之果，而佛深恶之，斥为焦芽败种，以其不度人而自度耳。《楞严经》云："有一众生不成佛，永不于此取泥洹。"又云："将此身心奉尘刹，是即名为报佛恩。"其旨深矣。

或曰：如此与墨子兼爱何别？

答曰：为我、兼爱，皆是好事。兼爱是仁，为我是义，岂非美德。所恶杨、墨者，为其执一耳。执为我则不知兼爱而害于仁，执兼爱则不知为我而害于义，故孟子恶之耳。古之学者为己，儒者何尝不为我？仁者爱人，儒者何尝不兼爱？孔门以求仁为学脉，而未尝废义。仁义并行而不悖，此所以为中道也。不然，即使不为我，不兼爱，又岂得为正哉？执杨、墨与执儒，皆病也。

问曰：菩萨之法，专以度众生为事，何故独处深山，弃舍众生，静坐求禅乎？

答曰：此菩萨所以为中道也。度一切众生，须德高行备，觉妙智神；一切德行，非禅不深；一切觉智，非禅不发；故暂舍众生，静坐求道。如人有病，将身服药，暂息事业，疾愈则修业如常。菩萨亦然，身虽暂舍众生，而心常怜悯，于闲静处，服禅定药，得实智慧，除烦恼病，起六神通，广度众生。即如儒者隐居，岂洁己而忘世哉？正为求万物一体之志耳。其隐也，万物一体之志，念念不离；其出也，万物一体之道，时时不错。故以禹、稷三过不入之功，不能加以颜子箪瓢陋巷之乐者，正为此志无加损也。

注释

① 天台：即天台宗，亦称法华宗，中国汉传佛教宗派之一，实际开创者为陈、隋之间的智颛大师，因其常居天台山，故而得名。

② 涅槃：佛教名相，梵文的音译，意译为寂灭、圆寂等。

③ 二乘：佛教名相，此处指与大乘菩萨道相对的"小乘"。小乘法又分为两种：一、直接听闻佛陀的教说，依四谛理而觉悟者，称声闻乘；二、不必亲闻佛陀之教说，系独自观察十二因缘之理而觉悟者，称缘觉乘。声闻、缘觉合称二乘。

豫行篇

凡坐禅，须先持戒，使身心清净，罪业消除。不然，决不能生诸禅定。若从幼不犯重罪，或犯已能戒，皆系上知利根，易于持戒。倘恶业深重，或屡戒屡犯，则谓残阙之躯，不能上进，此不闻醍醐①妙法，而甘于自暴者也。《法华开经偈》云："假令造罪过山岳，不须妙法两三行。"何过不可灭，何戒不可持哉？

学者有三法，一，深达罪源；二，大心持戒；三，不住于戒。

何谓深达罪源？一切诸法，本来空寂。尚无有福，何况有罪？种种业障，皆由心作，反观此心，从何处起？若在过去，过去已灭。已灭之法，则无所有。无所有法，不名为心。若在未来，未来未至。未至亦无有，不得名心。若在现在，现在之中，刹那不住。无住相中，心不可得。如是观之，不见相貌，不在方所，当知此心，毕竟空寂。既不见心，不见非心，尚无所观，岂有能观？无能无所，颠倒想断，既颠倒想断，则无无明，亦无三毒②，罪从何生？

又，一切万法，悉属于心，心性尚空，何况万法？若无万法，谁是罪业？若不得罪，观罪无生，破一切罪，以一切诸罪，根本性空，常清净故。维摩诘③谓优婆离，彼自无罪，勿增其过，当直尔除灭，勿扰其心。

又《普贤观经》说："观心无心，法不任法，我心自空，罪销无主。一切诸法，皆悉如是，无住无坏。如是持戒，于一念中，百戒俱完，万罪俱灭。"

何谓大心持戒？起大悲心，怜悯一切众生。妄执有为，而起无明，造种种业。吾代一切众生，忏无量无边重罪。吾为一切众生，求得涅槃而持戒。吾若清净，即一切众生清净。吾若破戒，即一切众生破戒。是故，宁此身受刀屠万段，终不以此身破众生大戒。如是持戒，最广最大。

何谓不住于戒？《华严经》言：身是梵行耶，心是梵行耶？求身心不可得，则戒亦不可得，是故不见己身有持戒者，不见他身有破戒者。菩萨持戒，于种种破戒缘中，而得自在。知此则戒、定、慧与贪、嗔、痴，同为妙法矣。如此持戒，于念念中，即诸罪业，念念自灭，身心清净，可修禅矣。

修禅之法，行、住、坐、卧，总当调心，但卧多则昏沉，立多则疲极，行多则纷动，其心难调。坐无此过，所以多用耳。

然人日用不得常坐，或职业相羁，或众缘相绊，必欲静坐，遂致蹉跎。

学者须随时调息此心，勿令放逸，亦有三法：一，系缘收心；二，借事炼心；三，随处养心。

何谓系缘收心？唐人诗云："月到上方诸品净，心持半偈万缘空。"自俗人言之，心无一物，万缘始空。今云："心持半偈万缘空。"此理最可玩索。盖常人之心，必有所系，系之一处，渐束渐纯，半偈染神，万妄俱息。故云："系心一处，无事不办。"究实论之，即念佛、持咒及参话头之类，皆是妄念。然借此一妄，以息群妄，大有便益。学者知此，日用间或念佛，或持咒，或参一公案，行、住、坐、卧，绵绵密密，无丝毫间断，由是而读书作文，由是而应事接物，一切众缘，种种差别，而提撕运用，总属此心。吾参祖师活公案，不参凡夫死公案，又何间断之有。

何谓借事炼心？常人之心，私意盘结，欲情浓厚。须随事磨炼，难忍处须忍，难舍处须舍，难行处须行，难受处须受。如旧不能忍，今日忍一分，明日又进一分，久久练习，胸中廓然，此是现前真实功夫也。古语云："静处养气，闹处炼神。"金不得火炼，则杂类不尽，心不得事炼，则私欲不除。最当努力，勿当面错过。

　　何谓随处养心？坐禅者，调和气息，收敛元气，只要心定、心细、心闲耳。今不得坐，须于动中习存，应中习止。立则如斋，手足端严，切勿摇动。行则徐徐举足，步动心应。言则安和简默，勿使躁妄，一切运用，皆务端详闲泰，勿使有疾言遽色。虽不坐，而时时细密，时时安定矣。如此收心，则定力易成，此坐前方便也。

注释

① 醍醐：佛教名相，喻意为最上良药。从牛出乳，从乳出酪，从酪出生酥，从生酥出熟酥，从熟酥出醍醐。

② 三毒：佛教名相，贪毒、嗔毒、痴毒为三毒。

③ 维摩诘：音译维摩罗诘之略称，即维摩居士，居家修道者，有大智慧。

修证篇

　　凡静坐，不拘全跏、半跏，随便而坐，平直其身，纵任其体，散诞四肢，布置骨解，当令关节相应，不倚不曲。解衣缓带，辄有不安，微动取便，务使调适。

　　初时从动入静，身中气或未平，举舌^①四、五过，口微微吐气，鼻微微纳之。多则三、四、五遍，少则一遍。但取气平为度，舌抵上腭，唇齿相着。

　　次渐平视，徐徐闭目，勿令眼敛太急，常使眼中胧胧然。

　　次则调息，不粗不喘，令和细，绵绵若存。

　　天台《禅门口诀》^②："止教调息观脐，息之出入，皆根于脐，一心缔观，若有外念，摄之令还。绵绵密密，努力精进。自此而后，静中光景，种种奇特，皆须识破，庶可进修。"

　　初时有二种住心之相，人心泊境，妄念迁流，如火熠熠，未尝渐止。因前修习，心渐虚凝，不复缘念名利、冤亲等事，此名粗心住也。外事虽不缘念，而此心微细流注，刹那不停；愈凝愈细，内外双泯，此名细心住也。

　　此后有二种定法，当此细心住时，必有持身法起，此法发时，身心自然正直，坐不疲倦。如物持身，于觉心自然明净，与定相应。定法持身，任运不动，从浅入深，或经一坐无分散意，此名欲界定也。后复身心泯泯虚豁，忽然失于欲界之身，坐中不见己身，及床坐等物，犹若虚空，此名未到地定也。将入禅而未入禅，故名未到地，从此能生初禅矣。

于未到地中，证十六触成就，是为初禅发相。何谓十六触？一，动；二，痒；三，凉；四，暖；五，轻；六，重；七，涩；八，滑。复有八触，谓一，掉；二，猗；三，冷；四，热；五，浮；六，沉；七，坚；八，软。此八触与前八触虽相似，而细辨则不同，合为十六触也。

十六触由四大③而发，地中四者，沉、重、坚、涩；水中四者，凉、冷、软、滑；火中四者，暖、热、猗、痒；风中四者，动、掉、轻、浮。

学者于未到地中，入定渐深，身心虚寂，不见内外，或经一日乃至七日，或一月乃至一年，若定心不坏，守护增长，此时动触一发，忽见身心凝然，运运而动。当动之时，还觉渐渐有身，如云如影。动发，或从上发，或从下发，或从腰发，渐渐遍身。上发多退，下发多进，动触发时，功德无量。

略言十种善法，与动俱发，一，定；二，空；三，明净；四，喜悦；五，乐；六，善生；七，知见明；八，无累解脱；九，境界现前；十，心调柔软。如是十者，胜妙功德，与动俱生，庄严动法，如是一日或十日，或一月一年，长短不定。

此事既过，复有余触，次第④而起，有遍发十六触者，有发三、四触，及七、八触者，皆有善法功德，如前动触中说，此是色戒清净之身，在欲界身中，粗细相违，故有诸触。

证初禅时，有五境：一，觉；二，观；三，喜；四，乐；五，定心也。初心觉悟为觉，后细心分别为观，庆悦之心为喜，恬淡之心为乐，寂然不散为定心。

十六触中，皆有此五境。第六，又有默然心。由五境而发者，皆初禅所发之相也。

夫觉，如大寐得醒，如贫得宝藏。末世诸贤，以觉悟为极则事。然欲入二禅，则有觉有悟，皆为患病。学者于初禅，第六默然心中，厌离觉观，初禅为下。若知二法动乱，逼恼定心，从觉观生、喜、乐、定等，故为粗，此觉观法，障二禅内静。

学者既知初禅之过，障于二禅，今欲远离，常依三法：一，不受不着，故得离；二，诃责，故得离；三，观析，故得离。由此三法，可以离初禅觉观之过，觉观既灭，五境及默然心悉谢。

已离初禅，二禅未生，于其中间，亦有定法，可得名禅，但不牢固，无善境扶助之法。诸师多说为转寂心，谓转初禅默然也。住此定中，须依六行观，厌下有三：曰苦，曰粗，曰障；欣上有三：曰胜，曰妙，曰出。约言之，只是诃、赞二意耳。

夫玄门三年温养，九年面壁，未尝不静坐，而不发大智慧，不发大神通，不发深禅定者，以其处处恋着也。得一境界，即自以为奇特，爱恋不舍，安能上进？故须节节说破，事事指明，方不耽着，方肯厌下欣上，离苦而求胜，去粗而即妙，舍障而得出。到此地位，方知法有正传，师恩难报。

昔陈白沙⑤《静坐》诗云："刘郎莫记归时路，只许刘郎一度来。"陈公在江门静坐二十余年，惜无明师指点，静中见一端倪发露，即爱恋之；已而并此端倪亦失，竭力追寻，不复可见，故其诗意云尔。

学者静中有得，须先知此六行观。若到初禅，不用此观，则多生忧悔，忧悔心生，永不发二禅，乃至转寂亦失，或时还更发初禅，或并初禅亦失，所谓为山九仞，一篑为难，切当自慎。学者心不忧悔，一心加功，专精不止，其心淡然澄静，无有分散，名未到地，即是二禅前方便定也。经云："不失其退，其心豁然。"明净皎洁，定心与喜俱发，亦如人从暗中出，见外日月光明，其心豁然，明亮内净，十种功德俱发，具如初禅发相，但以从内净定俱发为异耳。

二禅有四境：一，内净；二，喜；三，乐；四，定心。何名内净？远而言之，对外尘故说内净；近而言之，对内垢故说内净。初禅中得触乐时，触是身识相应，故名外净。二禅心识相应，故名内净。初禅心为觉观所动，故名内垢。二禅心无觉观之垢，故名内净。既离觉观，依内净心发定，皎洁分明，无有垢秽，此内净定相也。

喜者，深心自庆，于内心生喜定等，十种功德喜法，故悦豫无量也。乐者，受喜中之乐，恬淡悦怡，绵绵美快也。初禅之喜乐，由觉观而生，与身识相应，此中喜乐，从内心生，与意识相应，所以名同而实异。定心者，受乐心忘，既不缘定内喜乐，复不预外念思想，一心不动也。

此四境后，亦有默然心，但比初禅更深耳，谓之圣默然定。欲进三禅，又当诃二禅之过，此二禅定，虽从内净而发，但大喜涌动，定不牢固，当即舍弃。如上用三法遣之，一，不受；二，诃责；三，观心穷检。

既不受喜，喜及默然自谢，而三禅未生，一意精进，其心湛然，不加功力，心自澄静，即是三禅未到地，于后其心，泯然入定。然入定不依内外，与乐俱发，当乐发时，亦有十种功德，且如前说，但涌动之喜为异耳。绵绵之乐，从内心而发，心乐妙美，不可为喻。乐定初生，既未即遍身，中间多有三过：一者，乐定即浅，其心沉没，少有智慧之用；二者，乐定微少，心智涌发，故不安稳；三者，乐定之心，与慧力等，绵绵美妙，多生贪着，其心迷醉。故经言：此乐惟圣人能舍，余人舍为难。

三禅欲发，有此三过，则乐定不得增长，充满其身，学者须善调适，亦有三法治之：一者，心若沉没，当用意精进，策励而起；二者，若心涌发，当念三昧定法摄之；三者，心若迷醉，当念后乐及诸胜妙法门，以自醒悟，令心不着。若能如是，乐定必然增长，遍满身分，百骸万窍，悉皆欣悦。所以佛说三禅之乐，遍身而受也。

按初禅之乐，从外而发，外识相应，内乐不满。二禅之乐，虽从内发，然从喜而生，喜根相应，乐根不相应，乐依喜生，喜尚不遍，况于乐乎？三禅之乐，乐从内发，以乐为主，遍身内外，充满恬愉，亦有五境：一，舍；二，念；三，智；四，乐；五，定心也。舍者，舍前喜心，并离三过也。念者，既得三禅之乐，念用三法守护，令乐增长也。智者，善巧三法，离三过也。乐者，快乐遍身受也。定心者，乐受心息，一心寂定也。

欲得四禅，又当诃斥三禅之乐，初欲得乐，一心勤求，大为辛苦，既得守护爱着，亦为苦，一旦失坏，则复受苦，故经说，第三禅中，乐无常动，故苦。

又，此乐法，覆念令不清净，学者既深见三禅乐，有大苦之患，应一心厌离，求四禅，种不动定。尔时，亦当修六行及三法除遣，即三禅谢灭，而四禅未到，修行不止，得入未到地定，心无动散，即四禅方便定。

于后，其心豁然开发，定心安稳，出入息断，定发之时，与舍俱生，无苦无乐，空明寂静，善法相扶，类如前说，但无喜乐动转为异耳。尔时，心如明镜不动，亦如净水无波，绝诸乱想，正念坚固，犹如虚空。

学者住是定中，心不依善，亦不附恶，无所依倚，无形无质，亦有四境：一，不苦不乐；二，舍；三，念清净；四，定心也。此禅初发，与舍受俱发，舍受之心，不与苦、乐相应，故言不苦、不乐。既得不苦、不乐，定舍胜乐，不生厌悔，故云舍。禅定分明，智慧照了，故云念清净。定心寂静，虽对众缘，心无动念，故名定心。此后亦有默然心，如前说也。又此四禅，心常清净，亦名不动定，亦名不动智慧。于此禅中，学一切事，皆得成就，学神通则得，学变化则得，故经说，佛于四禅为根本也。

外道服食勤炼，远望延年，劳形敝骨，万举万败，间有成者，自负深玄，岂知造业。争如求禅，一切变化，无不立就，转粗形为妙质，易短寿为长年，特其细细者耳。

从此以后，又有四定：一，空处定；二，识处定；三，无有处定；四，非有想、非无想处定。

学者至四禅时，有视为微妙，得少为足，画而不进者；有觉心识生灭，虚诳不实，便欲求涅槃，寂静常乐者。不遇明师指授，不知破色与断色系缚之方，直强泯其心，断诸思虑，久久得心无忆念，谓证涅槃；既未断色系缚，若舍命时，即生无想天中，此为大错，故须求空处定。应深思色法之咎，若有身色，则内有饥渴、疾病，大、小便利，臭秽敝恶等苦；外受寒热、刀杖，刑罚、毁谤等苦。从先世因缘

35

和合，报得此身，即是种种众苦之本，不可保爱。复思一切色法，系缚于心，不得自在，即是心之牢狱，令心受恼，无可贪恋。由是，求灭色之法，须灭三种色：一，灭可见有对色；二，灭不可见有对色；三，灭不可见无对色。经言：过一切色相，灭有对相，不念种种相。过一切色相者，破可见有对色也。灭有对相者，破不可见有对色也。不念种种相者，破不可见无对色也。

学者于四禅中，一心谛观己身，一切毛道及九孔⑥。身内空处，皆悉虚疏，犹如罗縠，内外相通，亦如芭蕉，重重无实。作是观时，即便得见，既得见已，更细心观察，见身如蕗如甑，如蜘蛛网，渐渐微末，身分皆尽，不见于身及五根等。内身既尽，外道亦空，如是观时，眼见色源，故名过色；耳声、鼻臭、舌味、身触、意法，故名有对相；于二种余色，及无数色，种种不分别，故名不念种种相。

一切色法既灭，一心缘空，念空不舍，即色定便谢，而空定未发，亦有中间禅。尔时，慎勿忧悔，勤加精进，一心念空，当度色难。于后豁然，与空相应，其心明净，不苦不乐，益更增长，于深定中，唯见虚空，无诸色相。虽缘无边虚空，心无分散，既无色缚，心识澄净，无碍自在，如鸟之出笼，飞腾自在，此为得空处定也。

从此而进，舍空缘识。学者当知，虚空是外法入定，定从外来，则不安稳；识处是内法，缘内入定，则多宁谧。观缘空之受、想、行、识，如病如痈，如枪如刺，无常苦空，无我和合，而有欺诳不实。（原注：此即是入圣种观。）一心系缘在识，念念不离，未来过去，亦复如是。常念于识，欲得与识相应，加功专致，不注旬月，即便泯然任运，自在识缘。

因此后豁然与识相应，心定不动，而于定中不见余事，惟见现在心识，念念不住，定心分明，识虑广阔，无量无边；亦于定中，忆过去已灭之识，无量无边，及未来应起之识，亦无量无边，悉现定中。识法持心，无分散意，此定安稳清净，心识明利，为得识处定也。

从此而进，又思前缘空入定，是为外定；今缘识入定，是为内定。而依内依外，皆非寂静。若依内心，以心缘心入定者，此定已依三世心生，不为真实，惟有无心识处，心无依倚，乃名安稳。

于是，又观缘识之受、想、行、识，如病如痈，如枪如刺，无常苦空，无我和合而有，虚诳不实，即舍识处。系心无所有处，内静息求，不同一切心识之法。知无所有法，非空非识，无为法尘，无有分别，如是知己，静息其心，惟念无所有法，其时识定即谢，无所有定未发，于其中间亦有证相。

学者心不忧悔，专精不懈，一心内净，空无所依，不见诸法，心无动摇，此为证无所有处定也。

入此定时，怡然寂绝，诸想不起，尚不见心相，何况余法。从此而进，又复上求，诃责无所有定，如痴如醉，如昏如暗，无明覆蔽，无所觉了，无可爱乐。观于识处，如疮如箭，观于无所有处，如醉如痴，皆是心病，非真寂静，亦如前法，离而弃之，更求非有想非无想定。前识处是有想，无所有处是无想，今双离之，即便观于非有非无。何法非有，谓心非有。何以故？过去、现在、未来，求之都不可得。无有形相，亦无处所，当知非有。云何非无？无者是何物乎？为心是无乎？为离心是无乎？若心是无，则无觉无缘，不名为心；若心非无，更无别无。何也？无不自无，破有说无，无有则无无矣，故言非有非无。如是观时，不见有无，一心缘中，不念余事。

于后忽然真实定发，不见有无相貌，泯然寂绝，心无动摇，恬然清净，如涅槃相。是定微妙，三界无过，证之者，咸谓是中道定相，涅槃常乐我净。爱着是法，更不修习，如虫行至树表，更不复进，谓树外无高，可悯也。殊不知此定虽无粗烦恼，而亦有十种细烦恼，凡夫不知，误谓真实。世间外道，入此定中，不见有而觉有，能知非有非无之心，谓是真神不灭。若有明师传授，方知是四阴和合而有，自性虚诳不实，从此不受不着，即破无明，入灭受想定，获阿罗汉果，是谓九次第定也。

大抵初禅离欲界，入色界。二、三、四禅，皆色界摄。四定，离色界，入无色界。灭受想定，则出三界，证阿罗汉果。生西方，入净土，此为最径之门。

注释

① 举舌：即赤龙搅柱，舌头上举，舌尖抵上腭。
② 《禅门口诀》：一卷，智颛撰。智颛之门人杂记其平时教诫及问答之辞，主要内容为《六妙门》中调息、治病等事。
③ 四大：佛教名相，可喻为人身，即地大、水大、火大、风大。显坚硬相为地大，显流动相为水大，显热相为火大，显动摇相为风大。
④ 次第：佛教名相，即顺序。如习静坐之法，由调身、调息、调意念等，次第而入。
⑤ 陈白沙：陈献章（1428—1500），字公甫，号石斋，晚号石翁，居白沙里，世称白沙先生，新会（今广东省江门）人。明代著名思想家、教育家、书法家、诗人。善静坐。
⑥ 九孔：指双眼、两耳、两鼻孔、口和肛门、尿道等，为九孔。

调息篇

天台《禅门口诀》，只言调息为修禅之要，乃诸方法，厥有多途，即以调息一门言之，一者，六妙门；二者，十六特胜；三者，通明观。

六妙门者，一，数；二，随；三，止；四，观；五，还；六，净也。于中修正，又分为十二，如数有二种：一者，修数；二者，数相应。乃至修净与净相应亦如是。

何谓修数？学者调和气息，不涩不滑，安详徐数，或数入，或数出，皆取便为之。但不得出入皆数，从一至十，摄心在数，不令驰散，是名修数。

何谓数相应？觉心任运，从一至十，不加功力，心息自住，息既虚凝，心相渐细。患数为粗，意不欲数。尔时，学者应当舍数修随，一心依随，息之出入，心住息缘，无分散意，是名修随。心既渐细，觉息长短，遍身出入，任运相依，应虑怡然凝静，是名与随相应。

觉随为粗，心厌欲舍，如人疲极欲眠，不乐众务。尔时，学者应当舍随修止，三止之中，但用制心止也。制心息诸缘虑，不念数随，凝净其心，是名修止。复觉身心泯然入定，不见内外相貌，如欲界未到地，定法持心，任运不动，是名止相应。

学者即念心虽寂静，而无慧照破，不能脱离生死，应须照了，即舍止求观，于定心中，以心眼细观此身中，细微入出息，想如空中风，皮筋骨肉，脏腑血液，如芭蕉不实，内外不净，甚可厌恶。复观定中，喜乐等受，悉有破坏之相，是苦非乐。又观定中，心识无常，生灭刹那不住，无可着处。复观定中，善恶等法，悉属因缘，皆无自性，是名修观。

如是观时，觉息出入，遍诸毛孔，心眼开明，彻见筋骨、脏腑等物，及诸虫户，内外不净，众苦逼迫，刹那变易，一切诸法，悉无自性，心生悲喜，无所依倚，是名与观相应。

观解既发，心缘观境，分别破析，觉念流动，非真实道，即舍观修还。既知观从心发，若随析境，此则不会本源，应当返观此心，从何而生，为从观心生，为从非观心生。若从观心生，则先已有观。今数、随、止三法中，未尝有观。若非观心生，为灭生，为不灭生？若不灭生，即二心并，若是灭生，灭法已谢，不能生现在，若言亦灭、亦不灭生，乃至非灭非不灭生，皆不可得。当知观心，本自不生，不生故不有，不有故即空。空无观心，若无观心，岂有观境，境智双忘，还源之要，是名修还。

从此心慧开发，不加功力，任运自能破析，返本还源，是名与还相应。

学者当知，若离境智，欲归于无境智，总不离境智之缚，心随二边故也。

尔时，当舍还修净，知道本净，即不起妄想分别，受、想、行、识，亦复如是，息妄想垢，是名修净。举要言之，若能心常清净，是名修净，亦不得能修所修，及净不净之相，是名修净。

作是修时，忽然心慧相应，无碍方便，任运开发，无心依倚，是名与净相应。证净有二：一者，相似证，谓似净而实非净也。二者，真实证，则三界垢尽矣。

又，观众生空，名为观。观实法空，名为还。观平等空，名为净。

又，空三昧相应，名为观。无相三昧相应，名为还。无作三昧相应，名为净。

又，一切外观，名为观。一切内观，名为还。一切非内非外观，名为净。

又，从假入空观，名为观。从空入假观，名为还。空假一心，名息为净。此六妙门，乃三世诸佛入道之本，因此证一切法门，降伏外道。

所谓十六特胜者：一，知息入；二，知息出；三，知息长短；四，知息遍身；五，除诸身行；六，受喜；七，受乐；八，受诸心行；九，心作喜；十，心作摄；十一，心作解脱；十二，观无常；十三，观出散；十四，观欲；十五，观灭；十六，观弃舍。

一，知息入；二，知息出：此对代数息也。学者既调息绵绵，专心在息，息若入时，知从鼻端入至脐。息若出时，知从脐出至鼻，由此而知粗细，为风为气，为喘则粗，为息则细。若觉粗时，即调之令细。入息气迫常易粗，出息涩迟常易细。

又知轻重，入息时轻，出息时重。入在身内则无轻，出则身无风气故觉重。

又知涩滑，入常滑而出常涩。何也？息从外来，气利故滑。从内吹出，滓秽塞诸毛孔故涩。

又知冷暖，入冷而出暖。

又知因出入息，则有一切众苦烦恼，生死往来，轮转不息，心知惊畏。譬如阍者守门，人之从门出入者，皆知其人，兼知其善恶，善则听之，恶则禁之。当此之时，即觉此息无常，命依于息，一息不属，即便无命。

知息无常，即不生爱，知息非我，即不生见。悟无常，即不生慢，此则从初方便，已能破诸结使，所以特胜于数息也。

三，知息长短者，此对欲界定。入息长，出息短。心既静，住于内。息随心入，故入则知长。心不缘外，故出则知短。又觉息长，则心细。觉息短，则心粗。盖心细则息细，息细则入从鼻至脐，微缓而长；出息从脐至鼻亦尔。心粗则息粗，息粗则出入皆疾矣。

又，息短则觉心细，息长则觉心粗。何也？心既转静，出息从脐至胸即尽，入息从鼻至咽即尽，是心静而觉短也。心粗则从脐至鼻，从鼻至脐。道里长远，是心粗而觉长也。

又，短中觉长则细，长中觉短则粗。如息从鼻至胸即尽，行处虽短而时节大，久久方至脐。此则行处短，而时节长也。粗者从鼻至脐，道里极长，而时节却短，歘然之间即出即鼻。此则路长，而时短也。如此觉长短时，知无常由心生灭不定。故息之长短相貌非一，得此定时，觉悟无常，更益分明。证欲界定时，犹未知息相貌，故此为特胜也。

四，知息遍身者，对未到地定。当彼未到地时，直觉身相泯然如虚空。尔时，实有身息，但心粗眼不开，故不觉不见。今特胜中发未到地时，亦泯然入定，即觉渐渐有身，如云如影，觉息出入遍身毛孔。尔时，亦知息长短相等。见息入无积聚，出无分散，无常生灭，觉身空假不实，亦知生灭刹那不住。三事和合，故有定生。三事既空，则定无所依。知空亦空，于定中不着，即较前未到地为特胜也。

五，除诸身行者，对初禅觉观境。身者欲界道中，发得初禅，则色界之身，来与欲界身相依共住也。身行即观境，此从身分生，知身中之法，有所造作，故名身行也。

学者因觉息遍身，发得初禅。心眼开明，见身中腑脏三十六物①，臭秽可厌，四大之中，各各非身，此即是除欲界身也。于欲界中，求色界之身不可得，即除初禅身也。所以者何，前言有色界造色，为从外来乎，为从内出乎，为在中间住乎？如是观时，毕竟不可得。但以颠倒忆想，故言受色界触者细观不得，即是除初禅身，身除，故身行即灭。

又，未得初禅时，于欲界身中，起种种善恶行，今见身不净，则不造善恶诸业，故名除身行。

六，受喜者，即对破初禅喜境。初禅喜境，从有垢觉观而生。既无观慧照了多生烦恼，故不应受。今于净禅观中，生有观行破析，连观性空，当知从觉观生喜亦空，即于喜中不着，无诸罪过，故说受喜。如罗汉不着一切供养，故名应供也。

又真实知见，得真法喜，故名受喜。

七，受乐者，对初禅乐境。初禅，即无观慧。乐中多染，故不应受。今言受乐者，受无乐，知乐性空，不着于乐，故说受乐。

八，受诸心行者，此对破初禅定心境。心行有二，故说诸：一者，动行；二者，不动行。有谓从初禅至三禅，犹是动行。四禅已上，名不动行。今说觉观四境，名动行。定心境，名不动行。

初禅入定心时，心生染着，此应不受。今知此定心，虚诳不实，定心非心，即不受着，既无罪过，即是三昧正受，故说受诸心行。

九，心作喜者，此对二禅内净喜。彼二禅之喜，从内净而发，然无智慧照了，多所恋着。今观此喜，即是虚诳，不着不受矣。不受此喜，乃为真喜，故名心作喜。

十，心作摄者，此对二禅定心境。彼二禅之喜虽正，不无涌动之患。今明摄者，应返观喜性空寂，毕竟定心不乱，不随喜动，故云作摄。

十一，心住解脱者，此对破三禅乐。彼三禅有遍身之乐，凡夫得之，多生染爱，受缚不得解脱。今以观慧破析，证遍身乐时，即知此乐，从因缘生。空寂自性，虚诳不实，不染不着，心得自在，故名心作解脱。

十二，观无常者，此对破四禅不动也。四禅名不动定，凡夫得此定时，心生爱取。今观此定，生灭代谢，三相所迁，知是破坏不安之相，故名观无常。

十三，观出散者，此对破空处也。出者，即是出离色界。散者，即是散三种色。又出散者，谓出离色心，依虚空消散自在，不为色法所缚也。

凡夫得此定时，谓是真空。今初入虚空处时，即知四阴和合故有，本无自性，不可取着。所以者何？若言有出散者，为空出散乎，为心出散乎？若心出散，则心为三相所迁，已去已谢，未来未至，现在无住，何能耶？若空是出散者，空本无知，无知之法，有何出散。

既不得空定，则心无受着，是名观出散。

十四，观离欲者，此对识处。盖一切受着外境，皆名为欲。从欲界乃至空处，皆是心外之境。若认虚空为外境，而我顾受之，则此空即欲矣。今识处空，缘于内识。能离外空，即离欲。

凡夫得此定，无慧照察，谓心与识法相应，认为真实，即生染着。今得此定时，即观破析，若言以心缘识，心与识相应，得入定者，此实不然。何者？过去、未来、现在三世识，皆不与现在心相应，乃是定法持心，名为识定。此识定，但有名字，虚诳不实，故名离欲也。

十五，观灭者，此对无所有处。盖此定，缘无为法尘，心与无为相应。对无为法尘发少识，故凡夫得之，谓之心灭，多生爱着。今得此定时，即觉有少识，此识虽少，亦有四阴和合，无常无我虚诳，譬如粪秽，多少俱臭，不可染着，是名观灭。

十六，观弃舍者，此对非想非非想。盖非想非非想，乃是双舍有无，具舍中之极。凡夫得此定时，认为涅槃。今知此定系四阴、十二入、三界，及十种细心数等，和合而成。当知此定无常，苦空无我，虚诳不实，不应计为涅槃，生安乐想，不受不着，是名观弃舍。弃舍有二种，一，根本弃舍；二，涅槃弃舍。用弃生死，故云观弃舍。

学者深观弃舍，即便得悟三乘涅槃，如须跋陀罗，佛令观非想中细想，即获阿罗汉果，今名悟道。未必定具十六，或得二、三特胜，即便得悟，随人根器，不可定也。

第三通明观。学者从初安心，即观息、色、心三事，俱无分明。观三事，必须先观息道。云何观息？谓摄心静坐，调和气息。一心细观此息，想其遍身出入。若慧心明利，即觉息入无积聚，出无分散，来无所经由，去无所涉履。虽复明觉，此息出入遍身，如空中风性无所有，此观息如也。

次则观色，学者即知息依于身，离身无息，即应细观身色，本自不有，皆是先世妄想，因缘招感。今生四大，造色围空，假名为身。一心细观，头腹四肢，筋骨脏腑，及四大四微，一一非身。四大四微，亦各非实，尚不自有，何能生此身诸物耶？无身色可得，尔时心无分别，即达色如矣。

次观心，学者当知由有心，故有身色，共来动转。若无此心，谁分别色，色因谁生。细观此心，藉缘而生。生灭迅速，不见住处，亦无相貌，但有名字，名字亦空，即达心如矣。

学者若不得三性别异，名为如心。

学者若观息时，即不得息，即达色心空寂。何者？谓三法不相离故也。观色、观心亦尔，若不得息、色、心三事，即不得一切法。何以故？由此三事和合，能生一切阴入界众等烦恼，善恶行业，往来五道，流转不息。若了三事无生，则一切诸法，本来空寂矣。

学者果能如是观察三法，悉不可得，其心任运，自住真如，泯然明净，此名欲界定。于此定后，心依真如，泯然入定，与如相应，如法持心，心定不动，泯然不见身色、息、心三法异相，一往犹如虚空，即是通明未到地也。从此而发四禅四定，最为捷速。

注释

① 三十六物：佛教名相，指人之外相十二，如发、毛、齿、眵、泪、涎、唾、屎、尿、垢、汗；身体十二，如皮、肤、血、肉、筋、脉、骨、髓、肪、膏、脑、膜；内脏十二，如肝、胆、肠、胃、脾、肾、心、肺、生脏、熟脏、赤痰、白痰。

遣欲篇

　　周濂溪①论圣学，以无欲为要。欲生于爱，寡欲之法，自断爱始。爱与憎对，常见其可憎，则爱绝矣，故释氏有不净观焉。夫有生必有死，死者乃永离恩爱之处。有生之所共憎，虽知可憎，无能免者。我今现生，不久必死，过一日则近一日，盖望死而趋也。岂可贪恋声色名利之欲哉？真如扑灯之蛾，慕虚名而甘实祸，何其愚也。

　　学者欲习不净观，当先观人初死之时，言词惆怅，气味羷蒿，息出不反，身冷无知，四大无主，妄识何往，观想亲切，可惊可畏，爱欲自然淡薄，悲智自然增明。从此而修，有多门焉，曰九想：一，胀想，谓死尸胀如韦囊也；二，坏想，谓四肢破碎，五脏恶露也；三，血涂想，谓血流涂地，点污恶秽也；四，浓烂想，谓浓流肉烂，臭气转增也；五，青瘀想，谓浓血消尽，瘀黑青臭也；六，啖想，谓虫蛆唼食，决裂残缺也；七，散想，谓筋断骨离，头足交横也；八，骨想，谓皮肉已尽，但见白骨也；九，情想，谓焚烧死尸，骨裂烟臭也。但将吾所爱之人，以上九想观之，乃知言笑欢娱，尽属假合，清温细软，究竟归空。即我此身，后亦当尔。有何可爱，而贪着哉？

　　学者修九想既通，必须增想重修，令观行熟利，随所观时，心即随定，想法持心，澄然不乱，破欲除贪，莫此为尚矣。曰十想：一，无常想，谓有为之法，新新生灭，顷刻变迁，无暂停息也。二，苦想，谓六情逼迫，万事煎熬，有生皆苦，无有乐趣也。三，无我想，谓法从缘生，本无自性，即体离体，孰为我身也。四，食不净想，谓食虽在口，脑涎流下，与唾和合，成味而咽，与吐无异，下入腹中，即成粪秽也。五、世间不可乐想，谓观世间一切色欲滋味、车乘服饰、宫室园苑，皆是恶事，心生厌离，不可乐着。作是想者，智慧相应，得断贪乐。是名世间不可乐想。六，死想，谓一息不属，便尔沉沦也。七，不净想，谓身中三十六物，五种不净也。八，断想。九，离想。十，尽想。缘涅槃，断烦恼结使，名断想。断而得离，名离想。离而得尽，名尽想。九想为初学，十想为成就；九想如缚贼，十想如杀贼。此为异耳。

又有白骨观②，乃就九想中略出者。凡作九想、十想等观，皆当正身危坐，调和气息，使心定良久，方可作想。

今作白骨观。学者先当系念左脚大指，细观指半节作疱起，令极分明，然后作疱溃想，见半指节，极令白净，如有白光。

次观一节，令肉擘去，皆有白光。

次观二节、三节，乃至五节，及两足十节，白骨分明，如是系心，不令驰散，散即摄之令还。想成时，觉举身温软，心下热时，名系心住。心即住已，当复起想，足趺披肉见白骨，极令了了。

次观踝骨，次胫骨，又次髀骨，皆是骨骼，见白骨如珂雪。从此观肋骨，及脊骨、肩骨，从骨至肘，从肘至腕，从腕至掌，从掌至指端，皆令肉相向披，见半身白骨。

次观头皮，观膜，观脑，观肪，观咽喉，观肺、心、肝、胆、脾、胃、大小肠、肾等诸藏，有无数诸虫，咂食浓血，会见分明，又见诸虫从咽喉出。又观小肠、肝、肺、脾、肾，皆令流注入大肠中，从咽喉出，堕于前地。此想成已，即见前地屎、尿臭处，及诸蛔虫，更相缠缚，诸虫口中，流出脓血，不净盈满。此想成已，自见己身，如白雪，又节节相拄，若见黄黑，更当悔过。此为第一白骨观。

第二观者，系念额上，定观额中，如爪甲大，慎莫杂想，如是观额，令心安住，不生诸想，惟想额上，然后自观头骨，白如玻璃色，如是渐见，举身白骨，皎然明净，节节相拄，此想成已。

次想第二骨人，次想三骨人，乃至十骨人，见十骨人已，乃想二十骨人，三十、四十骨人，见一室中，遍满骨人，前后左右，行列相向，各举右手，向于我身。是时学者，渐渐广大，见一庭内，满中骨人，行行相向，白如珂雪，渐见一乡皆是骨人。

次观一邑一省，乃至天下皆是骨人，见此事已，身心安乐，无惊无怖。

学者见此事已，出定入定，恒见骨人，山河石壁，一切世事，皆悉变化，犹如骨人。见此事已，于四方面，见四大水，其流迅驶，色白如乳，见诸骨人，随流沉没。此想成已，复更忏悔，但纯见水，涌注空中，后当起想，令水恬静，此名凡夫心海、生死境界之想也。

注释

① 周濂溪：周敦颐（1017—1073），原名敦实，字茂叔，道州营道楼田堡（今湖南道县）人，世称濂溪先生。著有《太极图说》、《通书》等。

② 白骨观：佛教名相，即九想中之骨相。《脉望》云："禅家有白骨观，谓静坐澄虑，存想自身血肉朽坏，惟存白骨与吾相离，自一尺以至寻丈，要见形神元不相属，则自然超脱。"

广爱篇

孔子云："老者安之，朋友信之，少者怀之。"盖世间只有此三种人。就此三种人中，老者有二，吾之老，人之老；朋友有亲者，有疏者，有始亲而终疏者，有恩与仇者；少者亦有二，吾之少，人之少。吾之老少，虽有同室，亦有等杀，人之老少，便包恩仇远近，种种不齐矣。先从吾之老者，发愿贻之以安，饮食起居，悉令得所。

学者初修时，取最所亲爱，若父母之类，一心缘之，倘有异念，摄之令还，使心想分明，见吾亲人老者受安之相，然后及于人之老者，乃至冤仇蛮貊，无不愿其安乐。朋友少者，亦皆如是。

禅家谓之慈心观，又谓之四无量心，功德最大。四无量者，慈、悲、喜、舍也。

初时慈念众人，老者愿贻之以安，朋友愿贻之以信，少者愿贻之以怀，心心相续，道力坚固，即于定心中，见所亲爱人受快乐之相，身心悦豫，颜色和适，了了分明。见亲人得乐已，次见外人，乃至怨人，亦复如是，于定心中见一人，次见十人，乃至千人万人，及普天率土之人，悉皆受乐。

学者于定中见外人受乐，而内定转深，湛然无动，此名慈无量也。

世人与众不和，初生为瞋。瞋渐增长，思量执着，住在心中，名为恨。此恨既积，欲损于他，名为恼，败德损德，皆原于此，惟一慈心，能除瞋、恨、恼三事，以是知慈心功德无量也。

又，释氏之慈有三等：众生缘慈，法缘慈，无缘慈也。不利益一人，而求利益无数无边之人，是为众生缘慈。老者不独思安其身，而兼思安其心，使之得受性真之乐，朋友少者皆然，此为法缘慈。若无缘慈，惟圣人有之。盖圣人不住有为，亦不住无为，老则愿安，友则愿信，少则愿怀，而吾亦不知其安，不知其信，不知其怀，所谓无缘慈，力赴群机也。

学者于慈定中，常念欲遂众生诸愿，见众生受诸劳苦，心生怜悯，即发愿救拔，先取一亲爱人受苦之相，系心缘之，慈悲无极；乃至一方四天下之人，皆见其受苦，而思济拔，悲心转深，湛然不动，是名悲无量也。

学者入悲定中，怜悯众生，除苦与乐。尔时，深观众生虽受苦恼，虚妄不实，本无消除，授以清净妙法，令获涅槃常乐，摄心入定，即见众生皆得受喜。亦初从亲人，次遍天下，此名喜无量也。

学者从喜定中，思念慈，与众生乐；悲，欲拔苦；喜，令欢喜；而计我能利益，不忘前事，即非胜行。譬如慈父益子，不求恩德，乃曰真亲。又念众生得乐，各有因缘，不独由我，若言我能与乐，则非不矜不伐之心；又念慈心与乐，俱是空怀，在彼众生，实不得乐，若以为实，即是颠倒；又念众生受苦，若有纤毫忧喜之生，即属障碍，难得解脱。我今欲清净善法，不应着意必固我之法，今当舍此执恋，即发净心，毫无憎爱，先取所亲之人，见其亦得定力，受不苦不乐之相，了了分明，乃至十世五道，莫不皆尔，是为舍无量也。

附：袁了凡论静坐与丹道

袁了凡先生精通静坐要诀与丹道心法，《摄生三要》与《静坐要诀》两部养生专著互为次第，精、气、神乃丹道之三味大药，也是中医非药物疗法的基础，静坐时若精气不足，入静后则会遇到"昏沉障"，而神不足则会遇"散乱障"，只有先从聚精、养气、存神三要中下手，才能消除静坐中的昏沉和散乱两大障碍。下面是余收集整理的了凡先生与亲友和弟子们讨论有关静坐、调息、丹道和改变命运等方面问题的信函，供同道们研习。

了凡论静坐

凡欲静坐，须先息心，日常随事练习。难忍处须忍，难舍处须舍。忍得一分，便有一分受用；舍得一分，便有一分安乐。习之久久，工夫渐熟，自然触处有益。日间有暇，随意静坐一二时，调和气息，放下身心，一切善恶都莫思量，游情杂念，尽情抛舍，洁洁净净，常要完寂然不动之体，才觉昏愦，即奋迅振发，不容一毫懒散，就昏愦处，猛自提撕，修惺惺法以胜之。惺不离寂，寂不离惺，离惺而寂，是谓顽空，离寂而惺，是谓狂慧。

但论对治之法，散乱时，须以寂治之；昏沉时，须以惺治之。然其惺也单提一念，毌二毌三，惺也而未尝不寂其寂也。惟灭妄心，不灭照心，寂也而未始不惺。大抵人生世间，只有忙闲二境。闲时吾不随他闲，以吾之惺而寂者主之；忙时吾不随他忙，以吾之寂而惺者应

之。忙闲之境既合，则昼夜之故可通，昼夜之故通，而死生顺逆无不一矣。（袁黄《游艺塾续文规》）

与陈颖亭①论命书

原拟送老丈至圆通，同坐十余日，荆妇以弟年老，出外不便，遂不得来。谨将所受异人口诀录献，幸依诀而实行之。向算尊造，谓："运正贪财坏印，今当尚义轻财。"而其事犹未悉也。两候尊颜，见心甚虚，听甚恳，实有求道之念。弟如隐而不言，岂成其为报执事？谨将弟之所现行者，试数之于前。

弟田租不多，每岁量除三分之一为行义之资，先将族人之读书者，与贫而不能婚葬者，量助若干，凡二十余条。次将亲友之贫者，存而衣食不能自给，如沈望湖辈；没而子孙不能自立，如李见亭辈，皆薄有所助。又次将乡里贫民丐户，每岁二度放粮，以济其乏。又次买鱼虾螺鸟，日逐放生，放得多欣然畅怀，如有所得。又次在嘉兴如楞严、三塔，在苏州如灭渡、接待等处，岁斋僧数千，而于造像刻经、修桥布路之属，凡扣门者，率不敢虚其所求。内思破己之悭，外思纳人于善。凡有利益，无不兴崇。我辈平日辛勤刻苦，为子孙创业者，死来皆用不着，所可待以瞑目而释然无憾者，惟此修德行义之事而已。

大抵人受命于天，生来之福有限，积来之福无穷。如命中有福十分，今日受用一分，前面只有九分；又受一分，前面只有八分。受一分即销一分，此众人听命于天者也。吾辈果是用《易》，君子便当深绎圣人"积善余庆，积恶余殃"之说，而实为趋吉避凶之事，密密修持，孳孳奋励，尘尘方便，处处圆融，则受福一分，便可积福十分矣。老丈聪明，胜弟十倍，所未到者，不遇真正明师，未曾于见闻觉知之外，实落用一段工夫耳。

弟幼受云谷老师之教，即知静坐摄心，或经夕不寐，或经旬不出，而人事多魔，不能打成一片。后因出游有暇，得整坐十个月，朝暮未尝交睫。于禅门工夫,先息粗细二尘,次过欲慧二定,然后备证十六触,而入初禅,大觉大悟,如梦之方醒。然有觉有悟,犹为幻为病,离此觉悟,方入第二禅。始知向来为聪明所迷,觉照所误,如鸟之出笼,廓然见天地之远大,而悦不自胜。然悦在犹为患为病,离悦而后入第三禅。

凡人为学,惟内无所悦,故外面可喜可慕之事,得以动之,到得内有真悦,则充然自足矣。若三禅则不徒悦,而且乐焉。盖喜从心生曰悦,喜从外畅曰乐,故二禅之悦以心受,三禅之乐以身受,不但手足舞蹈,薰然顺适,觉得一呼而与六合上下同其通,一吸而与六合上下同其复,真与天地万物同其和畅者。当时正欲究竟其功,而弟偶因事归家,遂中道而废,至今悔之。然从此而遍交天下豪杰聪明智慧者,如麻似粟,并无一个半个知归根复命者,是以世智浮慧愈高,而去本地风光愈远。纵步步圣贤,蚤已错用心矣。弟知世儒学问迷误已久,不但佛教不行,即孔孟脉络,居然断灭,故从来只和光混俗,未尝敢以真实本分之事开口告人,而今特举以告足下,为爱足下不同众人也。虽然,语不投机,半字犹赘,恐似一柄腊月扇子,用不着耳。(袁黄《游艺塾续文规》)

与邓长洲[②](节录)

某幼受教于异人,谓学问之道,只是收心。当将平日孟浪精神,归并向里,而静坐一法,乃是捷径要门。然其工夫从喧入寂,从显入微,节节自有证验。不得明师指示,路头一差,则修证皆谬,纵坐百年,亦无益也。

仆因依之静坐,初坐旬日,便觉杂念顿空,满腔澄彻。师曰:"此粗尘息也,伏念隐情,微细流注,依然在耳。"更坐月余,遂将余尘尽扫。师曰:"细尘息矣。"从此当有二定出来,先入欲界定,已空欲障;次入未到地定,旋空色障。师曰:"从此入禅不远矣。当有十六触法,汝勿畏勿惊,其时欲界之身将尽,色界之身未来,粗细相违，故多抵触。"某依教修持，更不动念，一夕，恍然大悟，如梦之方醒。师曰："此入初禅矣，然觉悟尚存，即为障碍。"遂尽情遣之，如痴如愚，不存一毫知见。又月余，觉喜从心生，性体一开，欢欣无量。师曰："此入第二禅也。然稍存喜悦，即障本来，从此遣悦，而入第三禅，则心中隐隐之悦，且畅于外而为乐矣。"盖二禅之悦在内，三禅之乐在外。初觉一指和畅，次觉满身和畅，又次觉六合之大，蠛蠓之微，无不和畅者。盖一念中和，而天地万物一齐贯串，乃是实事。正欲究竟其功，以有事归家，遂成堕落。（袁黄《游艺塾续文规》）

与张见吾书

人之处世，如白驹之过隙，风雨忧愁，常居十分之九，我辈碌碌，乾没于文字间久矣，纵得挨出穷乡，而所当戮力，所当殷忧者，其事正未足也。李白云："处世若大梦，何为劳其生。"又云："富贵与神仙，蹉跎成两失。"每诵此言辄怃然者，累日窃尝计之。言家则养家之外，皆无益之事也；言身则养身之外，皆无益之事也。人惟为识神播弄，驰东骛西，受尽世缘，难逃业报，求之侪辈中鲜有解脱者。

弟始究丹经，继参禅教，口诀未逢，机锋难契，兼以尘缘未断，文债方殷，用是枘凿，然此念未始少忘者，昨偶见兄论及，不觉跃然，但闻清诲，似重玄薄禅，此亦胸中一大魔障，兄既许其所得，则弟所先得者，亦不得不与兄共之。弟闻人得至一之妙以有生，今观一身阴阳、性命、魂魄之类，皆二也，不见所谓一也。惟丹者，会乾坤，交坎离，簇阴阳，合男女，使二者复变而为一，故老子曰："了得一，万事毕。"以此参之佛家，即所谓万法归一之旨也。金者，五行之极，五行相生，至金而极，历万年而不坏，实纯阳之至宝也。天得纯阳，故曰乾为金；一得纯阳，故曰金丹。以此参之佛家，即所谓"金刚"之义也。故达者以防意为野战，以习静为沐浴，以身外有身为出神，以打破虚空为了当，诚得最上一乘法门也。

今兄所得，未知正否，望勿以无价之身，轻试于小术，《金丹大全》检付来使，细为参悟，切勿执己见而牵合，以诬前人，则此书幸甚。（袁黄《两行斋集》）

答严天池③问调息书

养气之说，发于孟氏，非但蹶与趋，能动志也。行要安徐，语须低缓，日用动静，皆当存养。使太和元气常周流于四体间，舒为事业，发为文章，皆自吾盎然者出之而已矣。即此可以塞天地，即此可以贯古今。我儒实学，原是如此。

自二氏有调息之论，而养气功夫始细而密。就老氏而言，则必取先天一窍，然后调息以守之，而其最上最真之道，则非有作有执也。以空洞无涯为元窍，以知而不守为法则，以绵绵若存为节度，以一念不起为工夫。药物之老嫩浮沉，火候之文武进退，皆于真息中辩验。足下试检尽万卷丹经，有能出此者乎？

就释氏而言，其上者，即心即佛，不论禅定解脱；下者，数息修禅，而六妙门及十六增胜法，天台谈之最详。其《禅门口诀》所示者，只是调息观脐而已。脐为命蒂，息为气机，心息相依，由粗入细，外尘渐屏，内境虚融，四智④可圆，六通⑤可证，宿疾普消，特其余事耳。

来书谓，闻弟所谈，顿觉信向，此是足下凤生植德深厚，故闻浅论而起深心。又欲弟将前所谈，详为阐绎，此乐善不倦之怀也。然入定法门，事多委曲，恐非笔墨可尽。早岁从云谷和尚指示，曾趺坐十余月，觉已证初禅境界，而中为事夺，不得究竟。窃谓调息只是养气，静坐先须息心。足下若能随事致力，借境养神，从前毁誉是非、顺逆好丑，不知经过几番追想，何常是实？即我之闻誉而喜，闻毁而怒，慕好厌丑种种情状，皆是梦中妄为；今后倘遇一切毁誉顺逆，皆以梦中境界待之，不得执著，不得留恋，如风过树，如月行空，泯然平怀，一毫不染，即此便是究竟法门。盖一念不染，便是一念圣人；

一日不染，便是一日圣人。

夫道至简，原无委曲，原不繁难也，足下信得及否？生旧有《静坐要诀》谈此理颇悉，近梓新板，当刷呈正，不敢负也。（袁黄《两行斋集》）

与沈懋所书

百年尘世，如石火，如电光，如草头露，若不回光返照，速求本命，元辰下落，岂不错过！然我辈学术，不但热闹中能扰我性灵，而寂静中亦有坐驰之患，积闲成懒，积懒成衰，暗地损伤，特不自觉耳。故智者除心不除事，愚人除事不除心。适过白下，知尊驾已入山中，除心乎？除事乎？能从心上用功，则不论闲忙，皆为胜事；不能治心而徒避事，虽终身岩谷，草木衣食，避尽一世尘嚣烦恼，终属厌恶心肠，非究竟廓然之旨也。

叶振斋尊堂久病，势日进不衰，今垂绝矣。只在目下欲完绍袁姻事，而道驾山栖，无由情告，特遣小价远寻，乞暂过令亲处行礼，更择日归家，此万不得已之至情也。叶年嫂遣人恳告，迫切上闻，伏惟留意。（袁黄《两行斋集》）

答沈淮槎书

小儿回道尊恙，因观窍而成果尔，则足下今日之病非真病也，乃误认以为病，而误受其苦也。大凡玄门观窍与禅门作观，中间皆有景象，元气升腾，万般作怪，或熇然而热，或郁焉而晕，或奔腾有声，或刺痛难忍。得明师指点，坚意顺受，一过此关，则夙疾潜消，而元阳尽复矣。倘不知其为工夫节奏之当然而疑焉、骇焉，惧而止焉，则佳境变成恶境，即工夫为疾病，不可名状，不可救药矣。有暇乞暂过草庐，相对静坐，约二十余日，可以全愈，未审信得及否？余不尽罄。（袁黄《两行斋集》）

答马瑞河问静坐要诀书

　　公在宝坻刻书十余种，曰《祈嗣真诠》、曰《静坐要诀》、曰《诗外列传》等。远近人士睹之，咸津津兴好德之思，因而改行从善者甚众。保府州守马瑞河读《要诀》而心服，即送赞，遥称门生，并问治心入道之要。公答书，具录如左。

　　孰谓秉彝好德，今无古人哉？其书云："茫茫海宇，学道者希。"执事方在车马驰骤中，乃独留情于此，缱绻走使，虚怀下询，致加不谷以不敢当之礼。昔聂双江⑥欲师阳明先生⑦，而阳明已没，乃作文称弟子而祭之。厥后砥砺自立，问学日精。人谓从游生前者，或叛其师；而称师于没世者，乃笃守其教，于今称双江之贤不衰，然阳明犹双江之先辈也。今足下仕先于予，官尊于予，且与予未面也，俨然以师礼相加，岂不更胜双江矣乎！吾闻圭峰禅师未会清凉，偶读其所著《华严钞》，即遥拜为师。大率此心苟同，则千里可以私淑；不同，则对面如聋也。仆之不肖，不敢希清凉之万一；而足下之贤，则无愧圭峰。谨受此礼，以成足下之高。倘他年相见，而足下果精进也，于仆为无忝，于此礼为不虚。不然，来柬在封，珍投在笥，具将返而璧之，岂敢虚冒大夫之贤以成而过？
　　问款具答如左。
　　来书云：熟读《要诀》，首尾相应，即如此法修之，恐其间尚有妙用难以言语形容者。一或少差，宁不误事，不知何以教我？
　　答曰：但肯依法修持，必不相赚。
　　来书云：《要诀》至简至易，详且尽矣。然其中必有先后之序，更烦再赐一册，劳大笔朱批，庶可以循序渐进。
　　答曰：书中篇目次第，即是先后之序。但修证处，或调息，或作观，只用一事，不必兼作也。
　　来书云：尝闻入道必先受戒，恐一犯之，前功尽弃。烦将秘要紧切应戒者批示之。

答曰：持戒是第一紧要之事。倘能专戒，精严不犯，则千劫之罪可以坐销，一犯之讹，安得反废？释门五大戒：不杀生、不偷盗、不邪淫、不妄语、不饮酒食肉。生每日持之，至晚辄回向。谨录奉览。

　　来书云：四禅四定，功果浩大，亦不易成。倘如法修之，万一其中所见境界少不尽如其言，宁毋移易其心，为他境所夺，将何摄服？请备教之。

答曰：禅之境界，万种不同。有从报因而发者，谓今世坐禅，乃发前世修证之事，其发必不依次第，误认即错矣。有从习因而发者，谓日前散乱心中，行些小善，到此定中，亦必发现，或恶亦然。皆不可执，执则永不发深禅定矣。但有境界，只遣除之，不去认著，自然无病。盖执著则正亦成魔，不执则魔亦无害。千万记取。

　　来书云：禅内有慧照之说，尚不知如何景象。请譬而喻之，何如？

答曰：真慧发照，如明镜当台，妍来妍现，媸来媸现。镜无邀像之心，像无投镜之意。即今目前行事，便可受用。扫除机智，一切顺逆好丑，总不关情。得一念相应，便是一念圣人；得一日相应，便是一日圣人。

　　来书云："九想十想"，令人读之不觉流涕。其感人遣欲是矣，但白骨想中，宁毋令人惊怖？此想既成，恐不能遣去，反成疾患。且终不知想过作何究竟，或初学时想软，抑凡用功即想也？

答曰：此问最佳。凡人欲多者，当修"九想十想"等。愚多者，当修调息等。倘修"九想十想"生恐惧心，便当舍此，修数息。倘修数息而欲心未断，更当修"九想"等。在人斟酌用之。

　　来书云：入道必先炼魔，夜不成寐，然后可以进功。未知有此说否？

答曰：炼魔非一人所可行，必须上有明师监板，下有良朋作伴。古人亦有从此悟入者，今不须尔。但修禅得力，睡魔即遣矣。

来书云：食斋之说，初学既不能长斋，亦于切要之日斋之，定有期限。何如？

答曰：仆已不谷食者数年矣！一切荤牲，人前尚未敢断，不独虑人疑谤，亦欲示人易从也。每月十斋日，则不可犯。初一、初八、十四、十五、十八、廿三、廿四、廿八、廿九、三十日也。

来书云：进功每日，用若干时候存想，此外尚可交接人事否？或如吾夫子，未感则廓然大公，有感则物来顺应。相近否？

答曰：日间稍暇即静坐，不拘时节。大公、顺应，原是养心之法。物来不能顺应，只是静时不能廓然。且须勉强习去：难忍处须忍，难舍处须舍；忍得一分便有一分安乐，舍得一分便有一分洁净。从此行持不废，自是得力时也。

来书云：既入道矣，则诸人事俱当谢绝。恐人道有未完处，尚可兼而行之，以俟久久摆脱。何如？

答曰：若论调心，正要在人事上磨炼；若论坐禅，须当谢绝人事，一意进修。倘人道尚有未完，只得兼而行之，此是方便法行。

来书云：修行必择名山或静地独居，可访而行之否？或谓不论在市居朝，亦可信否？

答曰：名山静地，原是坐禅之所；在市居朝，则调心法也。足下自审力量何如，若直下担当全无剩欠，则案牍喧哗皆成妙境。一切交际治生，皆与实理不相违悖。无清净可慕，无纷扰可憎，连禅亦不必坐也。倘未能然，须向高高山顶坐，寂寂房里修。切勿托大，致令担阁也。

来书云：内凡言"如法修之"，何法何修，当有实据，始可遵行。请不厌烦琐，一详示之。

答曰：调息等即是法，行此法即是修。

来书云：心事匆匆，聊询数款。倘有紧要口诀，幸固封密示。不敢妄泄天机，自取罪戾也。

答曰：紧要口诀，俱已道尽。若欲求密义，须向自己心中默默理会，向人求觅即非密也。（袁黄《两行斋集》）

问答试译

问答一

马瑞河来书问：熟读《静坐要诀》，使头尾相互呼应，使用这个办法修行，恐怕这当中还有奇妙的作用，难以用语言来形容。倘若因此产生偏差，岂不误事？不知您将怎么教我？

了凡先生回信答：只要能用这个办法持戒修行，一定不会有误。

问答二

马瑞河来书问：《静坐要诀》极为简单容易，详细全面，然而其中必定有先后修行的顺序，烦请您再赐给我一本，用红笔加上批语，或许可有助于修行的循序渐进。

了凡先生回信答：书中篇目的顺序，就是修行的先后次序。但修行证悟，或用调呼吸的方法，使气息和顺舒畅，心境平静安稳；或闭起眼睛，默想一种形象状态。只用一种方法，不必兼用。

问答三

马瑞河来书问：曾听说若要修习有成就，必先要受戒，恐怕一旦犯了戒就前功尽弃。请您将重要紧切的戒条指示给我。

了凡先生回信答：持守戒律是第一紧要的事，倘若能够精细严密地坚守戒律，则无数的罪恶也可以永远消除。一个小的犯戒，怎么能全废所修功业呢？佛家的五大戒律：不杀生，不偷盗，不邪淫，不妄语，不饮酒食肉。我每天持守这些戒律，到晚上就将所修功德回向给众生。以上供您参考。

问答四

马瑞河来书问：佛所说的"四禅四定"修行方法，功德浩大，也不容易修成。倘若按照此法修行，万一修行中所见到的境界不全如佛所说，这样不就会改易心意而被其他情境所影响吗？应该怎样摄服心意呢？请您详细地教导我。

了凡先生回信答：禅修的境界有各种不同，有的从"报因"发出，说的是今生坐禅，由前世的修行之事发为境界，所发必定不依次序，如误认有顺序就错了。有的是从"习因"发出，说的是之前在平常人的散乱心状态中，做了些小善事，到此禅定之中也一定可以发为境界，或做不善的事也会这样。这些都不可以执著，执著这些就永远不会进入到深层的禅定。但凡出现境界，只去排除它不去认定执著，自然于修行无损害。如果执著则正境也成魔境，不执著则魔境也无害处，千万要记住。

问答五

马瑞河来书问：禅定内有智慧无幽不照的说法，还不知是什么样的情景，请您打比方说明，可以吗？

了凡先生回信答：真正的慧炬发照，就好比一个明亮的镜子在桌台上，美丽的现出美丽，丑陋的现出丑陋。镜子并没有邀请影像来照的想法，影像也没有去照的意愿。就着目前所行的事便可得到益处。去除各种机智，一切顺正与邪逆、好与坏都不牵动心念。能够一念与真慧相应的便是一念圣人，能够一天与真慧相应的便是一天圣人。

问答六

马瑞河来书问：《静坐要诀·遣欲篇》的"九想十想"，读来不觉令人流泪，实能感动人心排遣欲望。但"白骨想"难道不令人恐怖么？这一想一旦形成，恐怕不易遣去，反会成为病患，而且最终也不知道想过会有何结果，是仅在初学时想呢，还是只要用功就想呢？

了凡先生回信答：这一问最好！大凡人欲望多的人，应当修习"九想十想"，较愚昧的人当修习调息法。倘若修习"九想十想"生出恐惧之心，便应当舍去此法，去修习数鼻息出入之法，使心思安静专一。倘若修习数鼻息之法而欲望之心不能断绝，便应当修习"九想"等。各人应根据自身情况，斟酌采用相宜的方法。

问答七

马瑞河来书问：入门学佛，必先炼除魔道，做到晚上不用睡觉，然后才可以进一步用功，不知是否有此说法？

了凡先生回信答：炼除魔道，不是一个人可以做到的，必须上有明师监护，下有良友作伴。古人也有从此领悟入佛的，今不须由此法，只用心修习禅定之法，睡魔就会被排遣掉。

问答八

马瑞河来书问：吃斋之说，初学佛者如果不能完全素食，也应在重要的日子斋戒，确定斋戒的固定日期。这样可以吗？

了凡先生回信答：我不以谷物为食已有几年了（辟谷）。虽然一切荤腥等佛家忌食之物，在人前还没敢断绝，这不只是因为担心人们对我猜疑毁谤，也是为了告诉人们吃斋是件容易的事。我每月斋戒十天，是绝不改变的。这十天是：初一、初八、十四、十五、十八、二十三、二十四、二十八、二十九、三十。

问答九

马瑞河来书问：修习中每天用若干时间静思默想，此外还能交际往来世间的人情事物吗？或者像孔子那样，未感时心地空明澄澈，无一毫私欲妄想，有感时则自然恰当地应对事物。是这样吗？

了凡先生回信答：白天稍得闲暇就静坐，不拘在什么时候。心地澄明顺应天理，原本就是养心的法门。事物来了不能顺应，只是因为静坐时不能心地澄明。一定要努力克服：难以忍受处也须忍受，难以割舍处也须割舍，忍得一分，便有一分的安乐，舍得一分，便有一分的洁净。从此精勤修行，自然有见效的时候。

问答十

马瑞河来书问：既然入门求佛法，则世间的各种人事全应当谢绝。如果人道上还有未完结的事，可否二者兼行，以待日后逐渐摆脱俗务？

了凡先生回信答：若论调整人的心态，正要在人世事务上进行磨炼；若论坐禅，自然应当谢绝所有事务，一意进行修行。倘若人世事务尚未完成，只得二者兼而行之，这也是方便法的修行。

问答十一

马瑞河来书问：修行必选择在名山上，或在安静的地方独居吗？可以寻访这样的地方去修行吗？也有人说不论在闹市或身居朝廷都可以修行，这样的说法可信吗？

了凡先生回信答：名山静地，原是坐禅修行的场所；处在闹市或身居朝廷，则是调整心态的方法。阁下可审视自己的心力怎样，若能够当下体认绝对的真理，没有丝毫怀疑和亏欠，则繁忙的工作和喧哗吵闹的地方，都可成为神奇美妙之境。一切交际和经营谋生的行为，都与真实的佛理不相违背。没有清净可以羡慕，没有纷扰可以憎恶，甚至连"禅"也不必要坐了。倘若不能这样，则须要向高高山顶上去坐禅，在寂静的房屋里去修佛。千万不要倨傲自尊，致使自己的修行被耽搁。

问答十二

马瑞河来书问：书中说"如法修行"，但是究竟怎样修行，当有实际根据，方可遵照执行。请您不要嫌烦琐，一一详细告诉我。

了凡先生回信答：调整气息等等就是方法，按此进行就是修行。

问答十三

马瑞河来书问：俗务杂多，我心中匆忙，只问这几项。倘若有紧要的口诀，希望您加固密封告知我，我绝不敢泄露天机，自取罪过。

了凡先生回信答：紧要的口诀，都已告诉你和写在书里了。若想寻求深密的义理，须向自己心中去默默领会，向他人寻求到的就不是密义了。

注释

① 陈颖亭：名于王，颖亭是其号，嘉善人。与袁了凡是万历十四年（1586年）同科进士，两人又是儿女亲家。陈颖亭曾任福建按察使，当时称"循卓名臣"，万历三十四年（1606年）朝廷谕旨赐祭勒碑，在嘉善建祠。其子陈龙正，初名龙致，字惕龙，号几亭，师从高攀龙，授中书舍人，任南京国子监丞。

② 邓长洲：邓云霄（1566—1631），字玄度，号虚舟。广州府东莞人。万历二十六年（1598年）进士，任苏州长洲（今苏州）令，累官至广西布政使参政，著有《冷邸小言》《漱玉斋类诗》等。

③ 严天池：严澂（1547—1625），字道澈，号天池，常熟人。虞山琴派创始人。编撰《松弦馆琴谱》，是唯一一部被收入《四库全书》的明代琴谱。

④ 四智：佛教名相，指妙观察智、平等性智、成所作智、大圆镜智。

⑤ 六通：佛教名相，一神足通，二天眼通，三天耳通，四他心通，五宿命通，六漏尽通。《俱舍论》称常人可以修前五通，第六通只有"圣者"可得。

⑥ 聂双江：聂豹（1487—1563），字文蔚，号双江，吉安永丰（今江西省吉安永丰县）人。明正德十二年（1517年）进士，曾任兵部尚书，官至太子太保。隆庆元年（1567年），赠少保，谥贞襄。为阳明心学传人，主张修静、致虚守静的工夫论。著作有《困辨录》《双江聂先生文集》等。

⑦ 阳明先生：王守仁（1472—1529），字伯安，世称阳明先生，浙江宁波余姚人。明代著名哲学家、教育家、政治家和军事家。阳明先生提出"致良知"、"知行合一"等学说，最终集心学之大成。

摄生三要

[明]袁黄 撰

摄生三要

[明]袁黄 撰

导读

《摄生三要》出自袁了凡的一部中医优生学专著《祈嗣真诠》，是其中专论精、

导　读

　　《摄生三要》出自袁了凡的一部中医优生学专著《祈嗣真诠》，是其中专论精、气、神的重要章节。历代养生学家认为，养生应始于谈婚论嫁之初。《祈嗣真诠》中"聚精"、"养气"、"存神"三篇就是从优生的角度来讲述其要诀的。

　　凡学养生者皆知，天有三宝"日、月、星"，地有三宝"水、火、风"，人有三宝"精、气、神"，天、地、人三者合一，顺天应时是中医养生的根本。明代大医家张介宾①说："修真诸书，千言万语，无非发明精、气、神三字。"他在《类经》中说："道贵常存，补神固根，精气不散，神守不分。（原注：道贵常存者，贵其不衰也。不衰之道，在补神以固根。欲全其神，在精气不散，则神守不分矣。）然即神守，而虽不去亦全真。（原注：言神守者，岂惟神不去，正所以全真也。）人神不守，非达至真。（原注：至真之道，要在守神，不知守神，非达道也。）至真之要，在乎天玄，神守天息，复入本元，命曰归宗。（原注：玄者，水之色。天玄者，天一之义。以至真之要，重在精也。天息者，鼻息通乎天气也。守息则气存，气存则神存，故曰神守天息。以上三节，首言神，次言精，此言气。夫人始生，先成精，精其本也。儿在母腹，先通胎息，气其元也。既宝其精，又养其气，复其本，返其元矣。精气充而神自全，谓之内三宝。三者合一，即全真之道也，故曰归宗。）"

　　古人凡言养生都不离精、气、神，而对此三宝的专论则要数《摄生三要》讲得最为简明透彻，将养生之要归纳为：聚精、养气、存神。

　　袁氏除了精研儒、释、道经典外，一直注重实修实证。他指出聚精之法有五：一、寡欲；二、节劳；三、息怒；四、戒酒；五、慎味。而养气之法在于调息。袁氏对先天气和后天气作了详尽的说明，另外还列举了十余种人身上的气。调息一法界乎身心之间，因此善调息者亦有养神之功效。存神之法关键在于安神。安神之法，袁氏也收集了九种道家守窍之法，每一法之利弊都清楚明了，还有禅门止观等存神之法。神安则心静，因此摄生三要亦是习练静坐之基础。

　　古人云：气足不思食，精足不思淫，神足不思睡。摄生三要不仅是孕育新生命的基础，也是保命全形的法宝。受限于认知和惰性，很多人有病一味地外求，忘记了自身的三味大药"精、气、神"。明代很多智者舍弃了丹药而重视向内求，开创了中医养生的新局面。所谓养生之要全在此"聚精"、"养气"、"存神"三要之中，学养生者不可不知。

聚精之道

　　袁了凡根据经典阐述"精"与藏精之处："（经）又云：'五脏各有藏精血，无停泊于其所。'盖人未交感，精涵于血中，未有形状；交感之后，欲火动极，而周身流行之血，至命门而变为精以泄焉。"这里提到的"命门"，顾名思义即生命之门，只要一动念头，欲望生起，精血就会流"至命门化为精，而输将以去"。袁了凡说："（精）所生有限，所耗无穷，未至中年，五盬尽见，百脉俱枯矣。是以养生者，务实其精。"

　　《类说》曰："夫欲养神，先须养气，养气先须养脑，养脑先须养精，养精先须养血，养血先须养唾，养唾先须养水。"下面就讲一下养唾咽津的重要性与炼精、聚精之法。

（1）聚津成精

　　中医养生学重视口中津液，有云：舌边生水，活也。内丹医学给津液取了很多美妙的名称，如神水、清水、灵液、金津、金醴、玉浆、玉津、玉液、玉英、玉泉、醴泉、玄泉等。醴泉甘美润泽，能除口苦干燥，恒香洁，食甘味和正。久行不已，味如甘露，无有饥渴。传统上认为"引肾水，发醴泉，来至咽喉，能润养上部，下溉五脏"。张介宾在《类经》中按曰："金丹之术百数，其要在神水华池。"《道枢》记养水炼液之功曰："丑之时，神水下降，以舌搅于上腭，鼓咽玉液，下于重楼，历肝胆而朝于心。"伤津过度，口干舌燥时不宜导引，欲导引先宜舌舐上腭，搅舌使津液生。

袁了凡就勤用此法，他说："嗽舌下泉咽之，名曰胎食。春食朝霞者，日始出赤气也。秋食沦汉者，日没后赤黄气也。冬食流瀣者，北方夜半气也。夏食三阳者，南方日中气也。勤而行之，可以辟谷，余试之良验。"咽津、服气、服饵等法都有助于辟谷，辟谷出自道家，却属于养生之旁门小技，袁了凡将辟谷作为修行的助行。他精通咽津、服气、服饵，举舌、搅舌、鼓嗽使舌边生水，以助聚津成精。这里需要注意的是，如果平时不勤练导引，常聚津液，又或者房事过度，则犹如锅中无水而升火煮炼，会适得其反。

（2）炼精要诀与聚精之道

袁了凡说："炼精有诀，全在肾家下手……炼之之诀，须半夜子时，即披衣起坐，两手搓极热，以一手将外肾兜住，以一手掩脐而凝神于内肾，久久习之，而精旺矣。"此法在《易筋经》里有专门讲解，可以参阅。

袁了凡说："聚精之道：一曰寡欲，二曰节劳，三曰息怒，四曰戒酒，五曰慎味。"其提出这五种聚精方法至关重要，聚精最为直接的方法是节制房事，不要疲劳过度。应用于当下尤其注意不要熬夜。而又应节劳、息怒、戒酒、慎味，凡事都要有所节制。

袁了凡说："实精之要，莫如经年独宿，不得已为嗣续计，房帷之事，隔月一行，庶乎其可也。"

又说："精成于血，不独房室之交损吾之精，凡日用损血之事，皆当深戒。如目劳于视，则血以视耗；耳劳于听，则血以听耗；心劳于思，则血以思耗。吾随事而节之，则血得其养，而与日俱积矣，是故贵节劳。"

袁了凡强调"息怒"、"戒酒"，这都是佛家大戒，发怒曰嗔，为贪、嗔、痴三病之一，戒酒是五戒之一。对于那些先天不足，或后天精气亏损者尤其要戒除。袁了凡说："主闭藏者，肾也。司疏火者，肝也。二脏皆有相火，而其系上属于心。心，君火也。怒则伤肝，而相火动，动则疏泄者用事，而闭藏不得其职，虽不交合，亦暗流而潜耗矣。是故当息怒。"

袁了凡又进一步强调："人身之血，各归其舍则常凝。酒能动血，人饮酒则面赤，手足俱红，是扰其血而奔驰之也。血气既衰之人，数月无房事，其精必厚；然使一夜大醉，精随薄矣。是故宜戒酒。"

养精食疗方："《内经》云：'精不足者，补之以味。'……世间之物，唯五谷得味之正。但能淡食谷味，最能养精。又，凡煮粥饭，而中有厚汁滚作一团者，此米之精液所聚也，食之最能生精，试之有效。""然醴郁之味，不能生精，唯恬淡之味，乃能补精耳。盖万物皆有其味，调和胜而真味衰矣。不论腥素，淡煮之得法，自有一段冲和恬淡之气，益人肠胃。"与袁了凡相熟的文学家陈继儒②，在《养生肤语》中也有同样的表述。

养气之学

早在先秦时期，诸子就有关于气的论述，如《管子》说："有气则生，无气则死，生者以其气。"《庄子》说："人之生，气之聚也，聚则为生，散则为死……故曰：通天下一气耳。"医经云："正气存内，邪不可干。"有学者做过统计，《黄帝内经》中记载各种气名共二百七十一类，二千九百九十七个，形成了"以气为本"的生命观和生死观。

人有先天之气和后天之气，袁了凡说："人得天地之气以生，必有一段元气亭毒于受胎之先，道家所谓先天祖气是也。又有后天之气，乃呼吸往来，运行充满于身者，此与先天之气，同出而异名。"

又说："人身之气，各有部分。身中有行气、横起气、诸节气、百脉气、筋气、力气、骨间气、腰气、脊气、上气、下气，如此诸气，位各有定，不可相乱；乱则贼，大则颠狂废绝，小则虚实相陵，虚则痒，实则痛，疾病之生，皆由于此。"

关于养气之学，《孟子》曰："夫志，气之帅也。气，体之充也。"孟子说人的意志可以调动气，人的意志为气之帅，引领方向，气是能量、是动力，是需要培养的。先贤提醒养气之法曰：无损为养，如果没有节制地去损耗，那么人就会昏昏沉沉。儒家养气之法以静为主，佛家养气方法有数息、随息等。道家注重"性命双修"。无论儒家、释家、道家，还是医家，其修身的方法都是从调息入手，故有"呼吸一法，贯串三教"之说。

因此，每天吹嘘呼吸，吐故纳新，刻意为之，尤为重要，下面介绍吐纳养气法，先在动中求静，自然呼吸，再调息养气，从胎息入门，止于闭气，调至真气从生。养气之法切忌急于求成。

（1）行、立、坐、言养气法

袁了凡说："养气者，行欲徐而稳，立欲定而恭，坐欲端而直，声欲低而和，种种施为，须端详闲泰。"此法在《洗髓经》"行住立坐卧睡篇"里有专门讲解，可以参阅。

（2）调息养气法

袁了凡说："养气者，须从调息起手……调息者，须似之绵绵密密，幽幽微微，呼则百骸万窍气随以出，吸则百骸万窍气随以入。调之不废，真气从生，诚要诀也。"

论胎息曰："初学调息，须想其气，出从脐出，入从脐灭。调得极细，然后不用口鼻，但以脐呼吸，如在胞胎中，故曰胎息。"

又说："初闭气一口，以脐呼吸，数之至八十一，或一百二十，乃以口吐气出之，当令极细，以鸿毛着于口鼻之上，吐气而鸿毛不动为度……但知闭气，不知胎息，无益也。"

养气禁忌："食生菜肥鲜之物，亦令人气强难闭；食非时动气之物，亦令人气逆。""多思气乱，多言气散，皆当深戒。"

存神要诀

《素问·上古天真论》云："上古之人，其知道者，法于阴阳，和于术数，食饮有节，起居有常，不妄作劳，故能形与神俱，而尽终其天年，度百岁乃去。"形与神俱是《黄帝内经》对健康人的认知。

关于形与神的关系，葛洪[3]说："形者，神之宅也。"袁了凡说："夫耳目口体，形也；其所以视听言动，神为之也。"（袁黄《两行斋集》）。气为形之充，人之形者为神之宅。人之神并不虚无缥缈，日常生活中，时常听到人们有这样的评价：此人很精神、很神气，整个人状态神清气爽，两眼炯炯有神，等等。这说明神是可以看出来的，尤其通过人的两眼，医云：眼为神舍。

中医养生学重点是"聚精"、"养气"、"存神"，袁了凡认为："聚精在于养气，养气在于存神。神之于气，犹母之于子也。故神凝则气聚，神散则气消。若宝惜精气而不知存神，是茹其华而忘其根矣。"这就理清了精、气、神的内在关系，也点出了存神的重要性。

补精聚精有药、有法，补气养气也有药法和导引法，唯独存神没有药可服，只有法可依可练。至于医者调神，重在形神共调，功药并进。下面介绍存神、安神、养神的法要。

（1）存神要诀

"禅门止观，乃存神要诀，一曰：系缘守境止，如上系心一处是也；二曰：制心止，不复系心一处，但觉念动，随而止之……三曰：体真止，俗缘万殊，真心不动。"先习止法，后习观法。

（2）安神之法

取站立，或坐姿，或卧姿，全身自上而下放松，垂帘（上眼皮放松下垂），舌抵上腭，调匀鼻息，采用鼻吸鼻呼，一吸一呼为一息，心里默数三十息，以达到心平气和的状态，此乃用和安神法。刘禹锡在《鉴医篇》中说："善哉医乎，用毒以攻疹，用和以安神。"

（3）养神之法

取站立，或坐姿，全身自上而下放松，垂帘闭目养神。古人云：大道至精至简。养神之法至关重要，放下手机，闭目养神，此法多多益善。

（4）养神之道

《庄子·刻意》曰："平易恬淡，则忧患不能入，邪气不能袭，故其德全而神不亏……故曰：纯粹而不杂，静一而不变，淡而无为，动而以天行，此养神之道也。"

关于守窍之法，袁了凡说："道宗观妙观窍，总是聚念之方，非存神之道。"其将常用的九种守窍法之利弊都清楚阐明。

注释

① 张介宾（1563—1640）：字会卿，号景岳，别号通一子，浙江山阴（今绍兴）人。明代杰出医药学家，因善用熟地黄，人称张熟地。其精通象数、星纬、堪舆、律吕等学。精研《素问》、《灵枢》，以类分门，详加注释，编撰《类经》，便于寻览。还著有《景岳全书》等。

② 陈继儒（1558—1639）：字仲醇，号眉公、麋公，又号白石山樵，松江府华亭（今上海松江区）人。明代著名画家、书法家、文学家，善养生。

③ 葛洪（283—363）：字稚川，号抱朴子，丹阳句容（今江苏省句容市）人，东晋时期著名医药养生学家、古代科学家。著有《玉函方》、《肘后备急方》、《抱朴子》等。

一、聚 精

经云："肾为藏精之府。"又云："五脏各有藏精血，无停泊于其所。"盖人未交感，精涵于血中，未有形状，交感之后，欲火动极，而周身流行之血，至命门而变为精以泄焉。故以人所泄之精，贮于器，拌少盐酒，露一宿，则复为血矣。左为肾，属水。右为命门，属火。一水一火，一龟一蛇，互为橐籥。膀胱为左肾之腑，三焦有脂膜如掌大，正与膀胱相对，有二白脉自中而出夹脊，而上贯于脑。上焦在膻中，内应心。中焦在中脘，内应脾。下焦在脐下，即肾间动气。

人身之血，散于三焦，昼夜流行，各有常度。百骸之内，一毛之尖，无弗贯撤者，此血也，而即精也。至命门化为精，而输将以去。人之盛血，则周身流滥，生子毕肖其父。血微则形骸有不贯之处，生子不能相肖。血枯则不能育矣。

元精在体，犹木有脂，神倚之如鱼得水，气依之如雾覆渊。方为婴孩也，未知牝牡之合而峻作，精之至也。纯纯全全，合于大方。溟溟清清，合于无沦。十六而真精满，五脏充实，始能生子。然自此精既泄之后，则真体已亏，元形已錾，唯藉饮食滋生精血。不知持满，不能保啬，所生有限，所耗无穷，未至中年，五衰盟见，百脉俱枯矣。

是以养生者，务实其精。实精之要，莫如经年独宿，不得已为嗣续计，房帏之事，隔月一行，庶乎其可也。

聚精之道，一曰寡欲，二曰节劳，三曰息怒，四曰戒酒，五曰慎味。今之谈养身者，多言采阴补阳，久战不泄，此为大谬。肾为精之府，凡男女交接，必扰其肾，肾动则精血随之而流，外虽不泄，精已离宫，即能坚忍者，亦必有真精数点随阳之痿而溢出，此其验也。如火之有烟焰，岂能复反于薪者哉，是故贵寡欲。

精成于血，不独房室之交损吾之精，凡日用损血之事，皆当深戒。如目劳于视，则血以视耗；耳劳于听，则血以听耗；心劳于思，则血以思耗。吾随事而节之，则血得其养，而与日俱积矣，是故贵节劳。

主闭脏者，肾也。司疏火者，肝也。二脏皆有相火，而其系上属于心。心，君火也。怒则伤肝，而相火动，动则疏泄者用事，而闭脏不得其职，虽不及合，亦暗流而潜耗矣，是故当息怒。

人身之血，各归其舍则常凝。酒能动血，人饮酒则面赤，手足俱红，是扰其血而奔驰之也。血气既衰之人，数月无房事，其精必厚，然使一夜大醉，精随薄矣，是故宜戒酒。

《内经》云："精不足者，补之以味。"然醴都之味，不能生精，唯恬淡之味，乃能补精耳。盖万物皆有其味，调和胜而真味衰矣。不论腥素，淡煮之得法，自有一段冲和恬淡之气，益人肠胃。《洪范》论味，而曰："稼穑作甘。"世间之物，唯五谷得味之正。但能淡食谷味，最能养精。又，凡煮粥饭，而中有厚汁滚作一团者，此米之精液所聚也，食之最能生精，试之有效。

练精有诀，全在肾家下手。内肾一窍名"元关"，外肾一窍名"牝户"。真精未泄，乾体未破，则外肾阳气至子时而兴。人身之气，与天地之气，两相吻合。精泄体破，而吾身阳生之侯渐晚，有丑而生者，次则寅而生者，又次则卯而生者，有终不生者，始与天地不相应矣。炼之之诀，须半夜子时，即披衣起坐，两手搓极热，以一手将外肾兜住，以一手掩脐而凝神于内肾，久久习之，而精旺矣。

二、养 气

　　人得天地之气以生，必有一段元气亭毒于受胎之先，道家所谓先天祖气是也。又有后天之气，乃呼吸往来，运行充满于身者，此与先天之气，同出而异名。先天氤氤氲氲，生于无形，而后天则有形而可见。先天恍恍惚惚，藏于无象，而后天则有象而可求。其实一物而已。故养气之学，不可不讲。孟子蹶趋动心之说，所宜细玩。

　　养气者，行欲徐而稳，立欲定而恭，坐欲端而直，声欲低而和，种种施为，须端详闲泰。当于动中习存，应中习定，使此身常在太和元气中。行之久，自有圣贤前辈气象。

　　举扇便有风，为满天地间皆是气也。《孟子》曰"塞乎天地之间。"诚然诚然。故人在气中，如鱼在水中。气以养人之形而人不知，水以养鱼之形而鱼不觉。

　　养气者，须从调息起手。禅家谓：息有四种。凡鼻息往来有声者，此风也，非息也；守风则散。虽无声而鼻中涩滞，此喘也，非息也；守喘则结。不声不滞而往来有迹者，此气也，非息也；守气则劳。所谓息者，乃不出不入之义。朱子《调息铭》云："静极而嘘，如春沼鱼；动极而吸，如百虫蛰。"春鱼得气而动，其动极微。寒虫含气而蛰，其蛰无朕。

　　调息者，须似之绵绵密密，幽幽微微，呼则百骸万窍气随以出，吸则百骸万窍气随以入。调之不废，真气从生，诚要诀也。

　　人身之气，各有部分。身中有行气、横起气、诸节气、百脉气、筋气、力气、骨间气、腰气、脊气、上气、下气，如此诸气，位各有定，不可相乱；乱则贼，大则颠狂废绝，小则虚实相陵，虚则痒，实则痛，疾病之生，皆由于此。昔韩飞霞遇异人于黄鹤楼，授以一药，通治万病，投之立效，以香附子为君，佐以黄连而已。盖人气失其平，则为疾。故用香附理气，其时火运，故以黄连佐之。此非深达造化者哉？

养身者，毋令身中之气有所违诤。如行久欲坐，此从动入止也。将就坐时，先徐行数步，稍申其气，渐放身体，止气稍来，动气稍去，从此而坐，则粗不忤细矣。如坐久欲行，此从止出动也。必稍动其身，或伸手足，如按摩状，然后徐行。不然，细气在身，与粗气相忤矣。其余种种，依此推之。习闭气而吞之，名曰胎息。嗽舌下泉咽之，名曰胎食。春食朝霞者，日始出赤气也。秋食沦汉者，日没后赤黄气也。冬食流瀣者，北方夜半气也。夏食三阳者，南方日中气也。勤而行之，可以辟谷，余试之良验。

人在胎中，不以口鼻呼吸，唯脐带系于母之任脉，任脉通于肺，肺通于鼻，故母呼亦呼，母吸亦吸，其气皆于脐上往来。《天台止观》谓：识神托生之始与精血合，根在于脐。是以人生时唯脐相连。

初学调息，须想其气，出从脐出，入从脐灭。调得极细，然后不用口鼻，但以脐呼吸，如在胞胎中，故曰胎息。

初闭气一口，以脐呼吸，数之至八十一，或一百二十，乃以口吐气出之，当令极细，以鸿毛着于口鼻之上，吐气而鸿毛不动为度。渐习渐增，数之久可至千，则老者更少，日还一日矣。葛仙翁每盛暑辄入深渊之底，一日许乃出，以其能闭气胎息耳。但知闭气，不知胎息，无益也。

人之气，吹之则凉，呵之则温，温凉变于吹呵之间，是故夏可使冷也，冬可使热也。行气者，可以入瘟疫，可以禁蛇虎，可以居水中，可以行水上，可以嘘水使之逆流千里。气之变化无穷，总由养之得其道耳。

气欲柔，不欲强；欲顺，不欲逆；欲定，不欲乱；欲聚，不欲散。故道家最忌嗔，嗔心一发，则气强而不柔，逆而不顺，乱而不定，散而不聚矣。若强闭之，则令人发咳。故道者须如光风霁月，景星庆云，无一毫乖戾之气，而后可行功。

又，食生菜肥鲜之物，亦令人气强难闭；食非时动气之物，亦令人气逆。

又，多思气乱，多言气散，皆当深戒。

三、存　神

　　聚精在于养气，养气在于存神。神之于气，犹母之于子也。故神凝则气聚，神散则气消。若宝惜精气而不知存神，是茹其华而忘其根矣。然神岂有形象之可求哉！《孟子》曰："圣而不可知之之谓神。"乃不可致思，无所言说者也。如作文不可废思，而文之奇妙者，往往得于不思之境，神所启也。符录家每举笔，第一点要在念头未起之先，谓之混沌开基，神所运也。感人以有心者常浅，而无心所感者常深，神所中也。是故老人之心不灵，而赤子之心常灵；惺时之谋不灵，而昧时之梦常灵，皆神之所为也。《易》曰"天下何思何虑。"此神之真境也。圣人不思不勉，此神之实事也。不到此际，总不能移易天命，识者慎之。

　　道宗观妙观窍，总是聚念之方，非存神之道。然攀缘既熟，念虑难忘，只得从此用功，渐入佳境。

　　有存泥丸一窍者，谓神居最上顶，贯百脉，存之可以出有入无，神游八极，而失则使人善眩晕。

　　有存眉间一窍者，谓无位真人在面门出入，存之可以收摄圆光，失则使人火浮而面赤。

　　有存上腭者，谓齿缝元珠，三关齐透，存之可以通贯鹊桥，任督飞渡，而失则使人精不归源。

　　有存心中正穴者，谓百骸万窍总通于心，存之可以养神摄念，须发常玄，而失则使人周而不畅。

　　有存心下寸许皮肉际者，谓卫气起于上焦，行下脉外，生身所奉，莫贵于此，存之可以倏忽圆运，祛痰去垢，而失则使人卫胜荣弱，或生疮疖。

有存心下脐上者，谓脾宫正位，四象相从，存之可以实中通理，而失则使人善食而易饥。

有存脐内者，谓命蒂所系，呼吸所通，存之可以养育元神，厚肠开窍，而失则使人气沉滞。

有存下丹田，谓气归元海，药在坤乡，存之可以鼓动元阳，回精入目，而失则使人阳易兴而妄泄。

有存外肾一窍，以目观阳事者，谓心肾相交，其机在目，存之取坎填离，而失则使人精液妄行。

大都随守一窍，皆可收心。苟失其宜，必有祸患。唯守而无守，不取不离，斯无弊耳。《老子》曰："绵绵若存。"谓之曰存，则常在矣。谓之曰若，则非存也。故道家宗旨，以空洞无涯为元窍，以知而不守为法，则以一念不起为功夫，检尽万卷丹经，有能出此者乎？

禅门止观，乃存神要诀，一曰：系缘守境止，如上系心一处是也。二曰：制心止，不复系心一处，但觉念动，随而止之，所谓不怕念起，唯怕觉迟者也。三曰：体真止，俗缘万殊，真心不动，一切顺逆等境，心不妄缘，盖体真而往也。

观法多门，《华严经》事法界观，谓常观一切染净诸法，皆如梦幻。此能观智，亦如梦幻。一切众生，从无始来，执诸法为实有，致使起惑造业，循环六道。若常想一切名利怨亲，三界六道，全体不实，皆如梦幻，则欲恶自然淡泊，悲智自然增明，亦名诸法如梦幻观。

又，理法界观，于中复有三门：一者，常观遍法界唯是一味清净真如，本无差别事相。此能观智，亦是一味清净真如。二者，若念起时，但起觉心，即此觉心，便名为观。此虽觉心，本无起觉之相。三者，拟心即差，动念便乖，但栖心无寄，理自元会，亦名真如绝相观。

又，事理无碍观，谓常观一切染净事法，缘生无性，全是真理，真理全是染净事法。如观波全是湿，湿全是波。故《起信论》云："虽念诸法，自性不生。"而复即念因缘和合，善恶之业，苦乐等报，不失不坏。虽念因缘善恶业，而即念性不可得。天台有假、空、中三观，大率类此。或单修一观，或渐次全修，或一时齐修，皆可以入道也。

附录一 六妙法门

[隋]智顗 撰

附录一 六妙法门 [隋]智顗 撰

题 解

《六妙法门》是汉传佛教天台宗智顗大师(531—597)应陈朝尚书令毛喜的请求,于金陵

题　解

　　《六妙法门》是汉传佛教天台宗智顗大师（531—597）应陈朝尚书令毛喜的请求，于金陵瓦官寺所说，所谓六妙门，即数门、随门、止门、观门、还门、净门。书中又将六妙法区分为十个门类：第一、历别对诸禅六妙门，第二、次第相生六妙门，第三、随便宜六妙门，第四、随对治六妙门，第五、相摄六妙门，第六、通别六妙门，第七、旋转六妙门，第八、观心六妙门，第九、圆观六妙门，第十、证相六妙门。而以其中的次第相生六妙门为主要内容。

　　智顗大师常居天台山（在今浙江省），开天台宗。唐朝时天台宗传入日本，本书书名下有小字注文"此本中土失传，从日本取回"，系一脉相承。

　　原书一卷，不分篇章，现依十门分为十章，标题为整理者所加。

　　六妙门者，盖是内行之根本，三乘得道之要径，故释迦初诣道树，跏趺坐草，内思安般，一数，二随，三止，四观，五还，六净，因此万行开发，降魔成道。当知佛为物轨，示迹若斯，三乘正士，岂不同游此路。

　　所言六者，即是数法，约数明禅，故言六也。如佛或约一数辩禅，所谓一行三昧。或约二数，谓一止二观。或约三数，谓三三昧。或约四数，所谓四禅。或约五数，谓五门禅。或约六数，谓六妙门。或约七数，谓七依定。或约八数，谓八背舍。或约九数，谓九次第定。或约十数，谓十禅支。如是等，乃至百千万亿阿僧祇不可说诸三昧门，悉是约数说诸禅也。虽数有多少，穷其法相，莫不悉相收摄，以众生机悟不同，故有增减之数，分别利物。

　　今言六者，即是约数法而标章也。妙者，其意乃多，若论正意，即是灭谛涅槃。故灭四行中，言灭止妙离，涅槃非断非常，有而难契，无而易得，故言妙也。

　　六法能通，故名为门。门虽有六，会妙不殊。故经言：泥洹真法宝，众生从种种门入。此则通释六妙门之大意也。

　　六妙门大意有十：

　　第一，历别对诸禅六妙门；

　　第二，次第相生六妙门；

　　第三，随便宜六妙门；

　　第四，随对治六妙门；

　　第五，相摄六妙门；

　　第六，通别六妙门；

　　第七，旋转六妙门；

　　第八，观心六妙门；

　　第九，圆观六妙门；

　　第十，证相六妙门。

一、历别对诸禅六妙门

　　释第一历别对诸禅定明六妙门，即为六意：一者，依数为妙门。行者因数息故，即能出生四禅、四无量心、四无色定。若于最后非非想定，能觉知非是涅槃，是人必定得三乘道。何以故？此定阴界入和合故有，虚诳不实，虽无粗烦恼，而亦成就十种细烦恼，知已破析，不住不着，心得解脱，即证三乘涅槃故。此义如须跋陀罗，佛教断非非想处惑，即便获得阿罗汉果。数为妙门，意在于此也。

　　二者，随为妙门者，行者因随息故，即能出生十六特胜，所谓：一，知息入；二，知息出；三，知息长短；四，知息遍身；五，除诸身行；六，心受喜；七，心受乐；八，受诸心行；九，心作喜；十，心作摄；十一，心作解脱；十二，观无常；十三，观出散；十四，观离欲；十五，观灭；十六，观弃舍。云何观弃舍？

　　此观破非想处惑。所以者何？凡夫修非想时，观有常处如痛如疮，观无想处如痴也。第一妙定，名曰非想。作是念已，即弃舍有想无想，名非有想非无想。故知非想，即是两舍之义。

　　今佛弟子观行破折，义如前说，是故深观弃舍，不着非想，能得涅槃。随为妙门，意在此也。

　　三者，止为妙门者，行者因止心故，即便次第发五轮禅：一者地轮三昧，即未到地。二者水轮三昧，即是种种诸禅定善根发也。三者虚空轮三昧，即五方便人，觉因缘无性如虚空。四者金沙轮三昧，即是见思解脱，无着正慧，如金沙也。五者金刚轮三昧，即是第九无碍道，能断三界结使，永尽无余。证尽智无生智入涅槃。止为妙门，意在此也。

四者，观为妙门者，行者因修观故，即能出生九想、八念、十想、八背舍、八胜处、十一切处、九次第定、师子奋迅三昧、超越三昧、炼禅、十四变化心、三明、六通及八解脱。得灭受想，即入涅槃。观为妙门，意在此也。

五者，还为妙门者，行者若用慧行，善巧破折，反本还源，是时即便出生空无相无作、三十七品、四谛、十二因缘、中道正观，因此得入涅槃。还为妙门，意在此也。

六者，净为妙门者，行者若能体识一切诸法本性清净，即便获得自性禅也。得此禅故，二乘之人，定证涅槃。若是菩萨，入铁轮位，具十信心，修行不止，即便出生九种大禅。所谓自性禅、一切禅、难禅、一切门禅、善人禅、一切行禅、除恼禅、此世他世乐禅、清净禅。菩萨依是禅故，得大菩提果，已得今得当得。净为妙门。意在此也。

二、次第相生六妙门

次释第二次第相生六妙门者：次第相生，入道之阶梯也。若于欲界中，巧行六法，第六净心成就，即发三乘无漏，况复具足诸禅三昧。此即与前有异，所以者何？如数有二种：一者修数，二者证数。

修数者，行者调和气息，不涩不滑，安详徐数，从一至十，摄心在数，不令驰散，是名修数。

证数者，觉心任运，从一至十，不加功力。心住息缘，觉息虚微，心相渐细。患数为粗，意不欲数，尔时，行者应当放数修随。随亦有二：一者修随，二者证随。修随者，舍前数法，一心依随息之出入，摄心缘息，知息入出，心住息缘，无分散意，是名修随。

证随者，心既微细，安静不乱，觉息长短遍身入出，心息任运相依，意虑恬然凝静。觉随为粗，心厌欲舍，如人疲极欲眠，不乐众务，尔时，行者应当舍随修止。止亦有二：一者修止，二者证止。修止者，息诸缘虑，不念数随，凝寂其心，是名修止。

证止者，觉身心泯然入定，不见内外相貌，定法持心，任运不动。

行者是时，即作是念，今此三昧，虽复无为寂静，安稳快乐，而无慧方便，不能破坏生死。

复作是念，今此定者，皆属因缘，阴界入法，和合而有，虚诳不实。我今不见不觉，应须照了，作是念已，即不着止，起观分别。

观亦有二：一者修观，二者证观。修观者，于定心中，以慧分别，观于微细出入息相，如空中风，皮肉筋骨，三十六物，如芭蕉不实。心识无常，刹那不住，无有我人，身受心法，皆无自性，不得人法，定何所依，是名修观。

证观者，如是观时，觉息出入遍诸毛孔，心眼开明，彻见三十六物，及诸虫户，内外不净，刹那变易，心生悲喜，得四念处，破四颠倒，是名证观。

观相既发，心缘观境，分别破折，觉念流动，非真实道，尔时，应当舍观修还。还亦有二：一者修还，二者证还。修还者，既知观从心生，若从折境，此即不会本源，应当反观观心：此观心者，从何而生，为从观心生，为从非观心生？若从观心生，即已有观，今实不尔。所以者何？数、随、止等三法中，未有即观故。若从不观心生，不观心为灭生，为不灭生？若不灭生，即二心并。若灭法生，灭法已谢，不能生观。若言亦灭、亦不灭生，乃至非灭、非不灭生，皆不可得。当知观心本自不生，不生故不有，不有故即空，空故无观心。若无观心，岂有观境。境智双亡，还源之要也。是名修还相。

证还相者，心慧开发，不加功力，任运自能破折，反本还源，是名证还。

行者当知，若离境智，欲归无境智，不离境智缚，以随二边故。尔时，当舍还门，安心净道。净亦有二：一者修净，二者证净。修净者，知色净故，不起妄想分别，受想行识，亦复如是，息妄想垢，是名修净。息分别垢，是名修净。息取我垢，是名修净。举要言之，若能心如本净，是名修净。亦不得能修所修，及净不净，是名修净。

证净者，如是修时，豁然心慧相应，无碍方便，任运开发，三昧正受，心无依恃。证净有二：一者相似证，五方便相似，无漏道慧发。二者真实证，苦法忍乃至第九无碍道等真无漏慧发也。三界垢尽，故名证净。

复次，观众生空，故名为观。观实法空，故名为还。观平等空，故名为净。

复次，空三昧相应，故名为观。无相三昧相应，故名为还。无作三昧相应，故名为净。

复次，一切外观，名为观。一切内观，名为还。一切非内、非外观，名为净。故先尼梵志言：非内观故得是智慧，非外观故得是智慧，非内外观故得是智慧，亦不无观故得是智慧也。

三、随便宜六妙门

次释第三随便宜六妙门。夫行者欲得深禅定智慧，乃至实相涅槃，初学安心，必须善巧。云何善巧？当于六妙门法，悉知悉觉，调伏其心，随心所便，可以常用。所以者何？若心不便，修治即无益，是故初坐时，当识调心学数，次当学随，复当学止观还等，各各经数日，学已，复更从数随，乃至还净。安心修习，复各经数日，如是数反，行者即应自知心所便宜。

若心便数，当以数法安心，乃至净亦如是。随便而用，不简次第。如是安心时，若觉身安息调，心静开明，始终安固，当专用此法，必有深利。若有妨生，心散暗塞，当便随便转用余门。安即为善，可以长轨。是则略明初学善巧，安心六妙门，是知便宜用心大意。

复次，行者心若安稳，必有所证，云何为证？所谓得持身及粗住细住，欲界未到地，初禅等种种诸禅定。得诸定已，若心住不进，当随定深浅，修六妙门开发。

云何名浅定不进，修六门令进？如行者初得持身法及粗细住法，经于日月而不增进。尔时，应当细心修数。数若不进，复当修随；随若不进，当知凝心修止；止若不进，当定中观阴入界法；观若不进，当还更反检心源。还若不进，当寂然体净。

用此六法，若偏于一法增进之时，当即善修之。既渐进入深禅定，便过数境。数相既谢，进发随禅。

于此定中，若不境进，当善修随、止、观、还、净等五法。定进渐深，随境已度，若发止禅。禅若不进，当善修止及观、还、净等四法。止定进渐深，观心开发。虽有止法，知从缘生，无有自性。止相已谢，若观禅不进，当更善巧修观及还、净等三法。

观禅既进，进已若谢，转入深定，慧解开发。唯觉自心所有法相，知观虚诳不实，亦在妄情，如梦中所见。知已不受，还反照心源。还禅经久，又不进，当复更善反观心源，及体净当寂。还禅既进，进已若谢，便发净禅。此禅念相观已除，言语法皆灭，无量众罪除，清净心常一，是名净禅。

净若不进，当善却垢心，体真寂虚，心如虚空，无所依倚。尔时，净禅渐深寂，豁然明朗，发真无漏，证三乘道。此则略说六妙门，随便宜而用。增长诸禅功德智慧，乃至入涅槃也。

复次，行者于其中间，若有内外障起，欲除却者，亦当于六门中，随取一法。一一试用却之。若得差者，即为药也。治禅障及禅中魔事病患，功用六门，悉得差也。上来所说，其意难见。行者若用此法门，当善思惟取意，勿妄行也。

四、随对治六妙门

次释第四随对治六妙门。三乘行者，修道会真，悉是除障显理，无所造作。所以者何？二乘之人，四住惑除，名得圣果，更无别法。菩萨大士，破尘沙无明障尽故，菩提理显，亦不异修。此而推之，若能巧用六门对治，破内外障，即是修道，即是得道，更无别道。

云何功用六门对治？行者应当知病识药。云何知病？所谓三障：一者报障，即是今世不善，粗动散乱障界入也。二者烦恼障，即三毒十使等诸烦恼也。三者业障，即是过去、现在所起障道恶业，于未受报中间能障圣道也。行者于坐禅中，此三障发，当善识其相，用此法门对治除灭。

云何坐中知报障起相？云何对治等？分别觉观心散动、攀缘诸境，无暂停住故，名报障起。浮动明利，攀缘诸境，心散纵横，如猿猴得树，难可制录。尔时，行者应用数门，调心数息，当知即真对治也。故佛言：觉观多者，教令数息。

二者于坐禅中，或时其心亦昏亦散，昏即无记心，暗即睡眠，散即心浮越逸。尔时，行者当用随门，善调心随息，明照入出，心依息缘，无分散意。照息出入，治无记昏睡。心依于息，治觉观攀缘。

三者于坐禅中，若觉身心急气粗，心散流动，尔时，行者当用止门，宽身放息，制心凝寂，止诸忆虑，此为治也。

复次，云何烦恼障起？云何对治？烦恼有三种：一者于坐禅中，贪欲烦恼障起。尔时，行者当用观心门中九想、初背舍、二胜处，诸不净门，为对治也。

二者于坐禅中，瞋恚烦恼障起。尔时，行者当用观心门中慈悲、喜舍等，为对治也。

三者于坐禅中，愚痴邪见烦恼障起。尔时，行者当用还门，反照十二因缘、三空道品，破折心源，还归本性，此为治也。

复次，云何对治障道业起？业即三种，治法亦三：一者于坐禅中，忽然垢心昏暗，迷失境界，当知黑暗业障起。尔时，行者当用净门中，念方便净应身三十二相清净光明，为对治也。

二者于坐禅中，忽然恶念思惟贪欲，无恶不造，当亦是过去罪业之所作也。尔时，行者当用净门中，念报佛一切种智圆净常乐功德，为对治也。

三者于坐禅中，若有种种诸恶境界相现，乃至逼迫身心。当知悉是过去、今世所造恶业障发也。尔时，行者当用净门中，念法身本净，不生不灭，本性清净，为对治也。

此则略说六门对治断除三障之相，广说不异十五种障也。

复次，行者于坐禅中，若发诸余禅深定，智慧解脱，有种种障起，当于六门中善巧用对治法也。粗细障法既除，真如实相自显。三明、六通自发，十力、四无所畏，一切诸佛菩萨功德行愿，自然现前，不由造作。故经云：又见诸如来，自然成佛道。

五、相摄六妙门

次释第五相摄六妙门。夫六妙门相摄，近论则有二种，远寻则有多途。何等为二？一者，六门自体相摄；二者，巧修六门出生胜进相摄。云何名自体相摄？行者修六门时，于一数息中，任运自摄随、止、观、还、净等五法。所以者何？如行者善调心数息之时，即体是数门，心依随息而数故，即摄随门。息诸攀缘，制心在数故，即摄止门。分别知心数法，及息了了分明故，即摄观门。若心动散，攀缘五欲，悉是虚诳，心不受着，录心还归数息故，即摄还门。摄数息时，无有五盖及诸粗烦恼垢，身心寂然，即摄净门。当知与数息中即有六门，随、止、观、还、净等，一一皆摄六门，此则六六三十六妙门。上来虽复种种运用不同，悉有今意。若不分别，行人不知。此则略说六妙门自体相摄，一中具六相也。

复次，云何巧修六妙门出生胜进相摄相？行者于初调心数息，从一至十，心不分散，是名数门。当数息时，静心善巧，既知息初入，中间经游至处，乃至入已还出，亦如是。心悉觉知，依随不乱，亦成就数法。从一至十，是则数中成就随门。

复次，行者当数息时，细心善巧，制心缘数法及息，不令细微觉观得起刹那异念，分别不生，是则于数中成就止门。

复次，行者当数息时，成就息念巧慧方便，用静鉴之心，照息生灭，兼知身分刹那思想，阴入界法，如云如影，空无自性，不得人法，是时于数息中，成就息念巧慧观门。

复次，行者当数息时，非但成就观智，识前法虚假，亦复善巧觉了观照之心，无有自性，虚诳不实，离知觉想，是则于数息中，成就还门。

复次，行者当数息时，非但不得所观能观，以慧方便，亦不得无能观所观，以本净法性如虚空，不可分别故。尔时，行者心同法性，寂然不动，是则于数息中，成就净门。

以五门庄严数息，随、止、观、还、净，皆亦如是。今不别说，此则六六三十六，亦名三十六妙门。行者若能如是善巧修习六妙门者，当知必得种种诸深禅定智慧，入三乘涅槃也。

六、通别六妙门

　　次释第六通别六妙门。所以言通别六门者，凡夫、外道、二乘、菩萨，通观数息一法，而解慧不同，是故证涅槃殊别，随、止、观、还、净，亦复如是。

　　所以者何？凡夫钝根行者，当数息时，唯知从一至十，令心安定。欲望此入禅，受诸快乐，是名于数息中而起魔业，以贪生死故。

　　复次，如诸利根外道，见心猛盛，见因缘故，当数息时，非但调心数息，从一至十，欲求禅定，亦能分别现在有息无息，亦有亦无，非有非无，过去息如去不如去，亦如去亦不如去，非如去非不如去；未来息有边无边，亦有边亦无边，非有边非无边；现在息有常耶，无常耶，亦常亦无常耶，非常非无常耶。及心亦尔，随心所见，计以为实，谓他所说，悉为妄语，是人不了息相，随妄见生分别，即是数息戏论。四边火烧，生烦恼处，长夜贪着邪见，造诸邪行，断灭善根，不会无生，心行理外，故名外道。如是二人，钝利虽殊，三界生死轮回无别。

　　复次，云何名为声闻数息相？行者欲速处三界，自求涅槃故，修数息以调其心，尔时，于数息中不离四谛正观。云何于数息中观四真谛？行者知息依身，身依心，三事和合，名阴界入。阴界入者，即是苦也。若人贪着阴界入法，乃至随逐见心，分别阴界入法，即名为集。若能达息真性，即能知苦无生，不起四受，四行不生，即钝使利使，诸烦恼结，寂然不起，故名为灭。知苦正慧，能通理无壅，故名为道。若能如是数息，通达四谛，当知是人必定得声闻道，毕故不造新。

复次，云何于数息中入缘觉道？行者求自然慧，乐独善寂，深知诸法因缘，当数息时，即知数息之念，即是有支，有缘取，取缘爱，爱缘受，受缘触，触缘六入，六入缘名色，名色缘识，识缘行，行缘无明。

复观此息念之有，名善有为业，有善因缘，必定能感未来世人天受，受因缘故，必有老死忧悲苦恼。三世因缘，生死无际，轮转不息，本无有生，亦无有死，不善思惟心行所造。若知无明体性本自不有，妄想因缘和合而生，无所有故，假名无明，无明尚尔，亦不可得，当知行等诸因缘法，皆无根本。既无行等因缘，岂有今之数息之实。尔时，行者深知数息属因缘，空无自性，不受不着，不念不分别，心如虚空，寂然不动，豁然无漏心生，成缘觉道。

复次，云何名为菩萨数息相？行者为求一切智、佛智、自然智、无师智，如来知见，力无所畏，悯念安乐无量众生，故修数息。欲因此法门入一切种智。所以者何？如经中说，阿那般那，三世诸佛入道之初门。是故新发心菩萨，欲求佛道，应先调心数息。当数息时，知息非息，犹如幻化，是故息非是生死，亦非是涅槃。尔时，于数息中，不得生死可断，不得涅槃可入，是故不住生死，既无二十五有系缚，不证涅槃，则不堕声闻辟支佛地。以平等大慧，即无取舍心，入息中道，名见佛性，得无生忍，住大涅槃常乐我净。故经云：譬如大水，能突荡一切，唯除杨柳，以其软故。生死大水，亦复如是，能漂没一切凡夫之人，唯除菩萨住于大乘大般涅槃，心柔软故，是名大乘行者于数息中入菩萨位。

此则略说数息妙门凡、圣，大、小乘，通、别之相。数息难通，须解殊别之相。当知数息虽同共修，随其果报差降。余随、止、观、还、净，一一妙门，凡圣、大小乘、通别，亦复如是。

七、旋转六妙门

次释第七旋转六妙门。上来所说六妙门，悉是共行，与凡夫、二乘共故。今此旋转六妙门者，唯独菩萨所行，不与声闻、缘觉共，况诸凡夫。所以者何？前第六通别妙门观中说，名从假入空观，得慧眼一切智。慧眼一切智，是二乘、菩萨共法。今明从空出假旋转六妙门，即是法眼道种智。法眼道种智，不与声闻、辟支佛共。

云何菩萨于数息道中，修从空出假观，起旋转出一切诸行功德相？所谓菩萨行者，当数息时，当发大誓愿，怜悯众生，虽知众生毕竟空，而欲成就众生，净佛国土，尽未来际，作是愿已，即当了所数息，不生不灭，其性空寂，即息是空，非息灭空，息性自空，息即是空，空即是息，离空无息，离息无空，一切诸法，亦复如是。息空故，非真非假，非世间非出世间，求息不得息与非息，而亦成就息念，其所成就息念，如梦如幻，如响如化，虽无实事可得，而亦分别幻化所作事。菩萨了息，亦复如是，虽无息性可得，而亦成就息念，从一至十，了了分明。深心分别如幻息相，以有无性如幻息故，即有无性世间出世间法。所以者何？无明颠倒，不知息性空故，妄计有息，即生人法执着爱见诸行，故名世间。因有息故，即有阴界入等世间苦乐之果，当知息虽空，亦能成办一切世间善恶因果、二十五有诸生死事。

复次，息相空中，虽无出世间相，而非不因息分别出世间法。所以者何？不知息相空故，即无明不了造世间业，知息空无所有故，即无无明妄执，一切诸结烦恼无所从生，是名出世间因。因灭故，得离后世世间二十五有等果，名出世间果。

能出世间颠倒因果法故，是名出世间法，于出世间真正法中，亦有因果。因者，知息空正智慧，为出世间因，妄计息中人我无明颠倒及苦果灭故，名为出世间果。故知菩萨观息非息，虽不得世间出世间，亦能分别世间及出世间。

复次，菩萨观息性空时，不得四谛，而亦通达四谛。所以者何？如上所说世间果者，即是苦谛。世间因者，即是集谛。出世间果者，即是灭谛。出世间因者，即是道谛。故观于息想，不见四谛，而能了了分别四谛，为声闻众生广演分别。

复次，菩萨了息空中，不见十二因缘，而亦通达十二因缘。所以者何？过去息性空无所有，妄见有息，而生种种颠倒分别，起诸烦恼，故名无明。无明因缘，则有行、识、名色、六入、触、受、爱、取、有、生、老死，忧悲苦恼等，轮转不息。皆由不了息如虚空，无所有故。若知息空寂，即破无明，无明灭故，则十二因缘皆灭。菩萨如是了息非息，虽不得十二因缘，亦能了了通达十二因缘，为求缘觉乘人广演分别。

复次，菩萨了息无性。尔时，尚不见有息，何况于息道中见有六蔽及六度法。虽于息性中不见六蔽及六度法，而亦了了通达六蔽六度。所以者何？行者当数息时，即自了知若于非息之中而见息者，是必定成就悭贪蔽法。

悭有四种：一者悭惜财物，见息中有我，为我生悭故。二者悭身，于息中起身见故。三者悭命，于息中不了，计有命故。四者悭法，于息中不了，即起见执法心生故。行者为破坏如是悭蔽恶法故，修四种檀波罗密：一者知息空非我，离息亦无我，既不得我，聚诸财物，何所资给。尔时，悭财之心即便自息，舍诸珍宝如弃涕唾，当知了达息性，即是财施檀波罗密。

复次，菩萨知无身性，息等诸法不名为身，离息等法，亦无别身。尔时，知身非身，即破悭身之执，既不悭于身，即能以身为奴仆给使，如法施与前人。当知了知息非息，即能具足成就舍身檀波罗密。

复次，行者若能了息性空，不见即息是命、离息有命，既不得命，破悭命心。尔时，即能舍命，给施众生，心无惊畏，当知了达息空，即能具足舍命檀波罗密。

复次，行者若达息空，即不见阴入界等诸法，亦不见世间出世间种种法相，为破众生种种横计，迷执诸法轮回六趣，故有所说，而实无说无示。以听者无闻无得故。是时虽行法施，不执法施，无恩于彼，而利一切。譬如大地、虚空、日月，利益世间，而无心于物，不求恩报。菩萨达息性空，行平等法，施檀波罗密利益众生，亦复如是。当知菩萨知息性空，不得悭度，而能了了分别悭度，以不可得故。知息性空，具足尸罗、羼提、毗黎耶、禅那、般若波罗密，亦复如是。是中应一一广旋转诸波罗密相，为求佛道善男子善女人，开示分别。是即略说于数息门中，修旋转陀罗尼，菩萨所行无碍方便。菩萨若入是门，直说数息调心，穷劫不尽，况复于随、止、观、还、净等。种种诸禅、智慧神通、四辩、力无所畏、诸地行愿、一切种智，无尽一切功德，旋转分别，而可尽乎！

八、观心六妙门

　　次释第八观心六妙门。观心六妙门者，此为大根性行人，善识法恶，不由次第，悬照诸法之源。何等为诸法之源？所谓众生，心也。一切万法由心而起，若能反观心性，不可得心源，即知万法皆无根本。约此观心说六妙门，非如前也。

　　所以者何？如行者初学观心时，知一切世间出世间诸数量法，皆悉从心出，离心之外，更无一法。是则数一切法，皆悉约心故数，当知心者，即是数门。

　　复次，行者当观心时，知一切数量之法，悉随心王，若无心王，即无心数。心王动故，心数亦动。譬如百官臣民，悉皆随顺大王，一切诸数量法依随心王，亦复如是。如是观时，即知心是随门。

　　复次，行者当观心时知心性常寂，即诸法亦寂，寂故不念，不念故即不动，不动故名止也。当知心者，即是止门。

　　复次，行者当观心时。觉了心性犹如虚空，无名无相，一切语言道断，开无明藏，见真实性，于一切诸法得无着慧。当知心者，即是观门。

　　复次，行者当观心时，既不得所观之心，亦不得能观之智。尔时，心虚如空，无所依倚，以无着妙慧，虽不见诸法，而还通达一切诸法分别显示。入诸法界无所缺减，普现色身，垂形九道，入变通藏，集诸善根，回向菩提，庄严佛道。当知心者，即是还门。

　　复次，行者当观心时，虽不得心及诸法，而能了了分别一切诸法，虽分别一切法，不着一切法，成就一切法，不染一切法，以自性清净，从本以来，不为无明惑倒之所染故。故经云：心不染烦恼，烦恼不染心。行者通达自性清净心故，入于垢法，不为垢法所染，故名为净。当知心者，即是净门。如是六门，不由次第，直观心性，即便具足也。

九、圆观六妙门

次释第九圆观六妙门。夫圆观者，岂得如上所说，当观心源，具足六妙门，观余诸法不得尔乎。今行者观一心，见一切心及一切法；观一法，见一切法及一切心；观菩提，见一切烦恼生死；观烦恼生死，见一切菩提涅槃；观一佛，见一切众生及诸佛；观一众生，见一切佛及一切众生。一切皆如影现，非内非外，不一不异，十方不可思议，本性自尔，无能作者。非但于一心中，分别一切十方法界凡圣色心诸法数量，亦能于一微尘中，通达一切十方世界诸佛凡圣色心数量法门，是即略说圆观数门，随、止、观、还、净等，一一皆亦如是。是数微妙不可思议，非口所宣，非心所测，尚非诸小菩萨及二乘境界，况诸凡夫。若有利根大士，闻如是妙法，能信解受持，正念思惟，专精修习，当知是人，行佛行处，住佛住处，入如来室，着如来衣，坐如来座。即于此身，必定当得六根清净，开佛知见，普现色身，成等正觉。

故《华严经》云：初发心时便成正觉，了达诸法真实之性，所有慧身不由他悟。

十、证相六妙门

次释第十证相六妙门。前九种六妙门，皆修因之相，义兼证果，说不具足。今当更分别六妙门证相，六门有四种：一者次第证，二者互证，三者旋转证，四者圆顿证。

云何次第证？如上第一历别对诸禅门，及次第相生六妙门中，已略说次第证相，细寻自知，今不别说。

第二互证，此约第三随便宜、第四对治、第五相摄、第六通观，四种妙门中论证相。所以者何？此四种妙门，修行方便，无定次第。故证亦复回互不定，如行者当数息时，发十六触等诸暗证，隐没无记有垢等法，此禅即是数息证相之体，而今不定，或有行者于数息中，见身毛孔虚疏，彻见三十六物。当知于数息中，证于随门。

复有行者于数息中，证空静定，以觉身心寂然，无所缘念，入此定时，虽复浅深有殊，而皆是空寂之相。当知于数息中，证止门禅定也。

复次，行者当数息时，内外死尸不净膨胀烂坏，及白骨光明等定心安稳，当知于数息中，证观门禅也。

复次，行者当数息时，发空无相智慧、三十七品、四谛、十二因缘等。巧慧方便，思觉心起，破折诸法，反本还源，当知于数息中，证还门禅也。

复次，行者或于数息之时，身心寂然不得诸法，妄垢不生，分别不起，心想寂然明识法相，无所依倚，当知于数息中，证净门禅也。

此则略说于数息中，互发六门禅相，前后不定，未必悉如今说，余随止观还净，一一互证诸禅相亦如是。所以有此互证诸禅者，意有二种：一者，修诸禅时互修故，发亦随互，意如前四种修六妙门相。二者，宿世业缘善根发，是故互发不定。义如坐禅内方便验善恶根性中广说。

第三，云何名证旋转六妙门相？此的依第七旋转修故发。所谓证相者，即有二种：一者，证旋转解；二者，证旋转行。

云何名为证旋转解发相？行者于数息中，巧慧旋转修习故。尔时，或证深禅定，或证浅定。于此等定中，豁然心慧开发，旋转觉识，解真无碍，不由心念，任运旋转觉识法门。旋转有二种：一者，总相旋转解；二者，别相。总相复有二种：一者，解真总相；二者，解俗总相。别相复有二种：一者，解真别相；二者，解俗别相。于一总相法中，旋转解一切法，别相亦尔。

云何名为证旋转行相？行者如所解，心不达言，心口相应，法门现前，心行坚固，任运增长，不由念力，诸善功德自生，诸恶自息。总相别相，皆如上说，但有相应之异，入诸法门境界显现之殊故。

今则略出证旋转行，如一数门，具二种证旋转故。余随、止、观、还、净亦如是，略说不具足者，自善思惟，取意广对诸法门也。证旋转六妙门者，即是得旋陀罗尼门也。是名无碍辩才巧慧方便，遮诸恶令不得起，持诸功德令不漏失，任是法门，必定不久入菩萨位，成就阿耨多罗三藐三菩提也。

第四，云何名为圆证六妙门？行者因第八观心、第九圆观，二种六妙门为方便，是观成时，即便发圆证也。证有二种：一者，解证，无碍巧慧，不由心念自然圆证，识法界故名解证。二者，会证，妙慧朗然开发，明照法界通达无碍也。证相有二种：一者，相似证相，如《法华经》中明六根清净相。二者，真实证相，如《华严经》中明初发心圆满功德智慧相也。

云何名相似圆证为六妙门？如《法华经》说：眼根清净中，能一时数十方凡圣色心等法数量，故名数门。一切色法随顺于眼根，眼不违色法，共相随顺，故名随门。如是见时，眼根识寂然不动，故名止门。不以二相见诸佛国，通达无碍，善巧分别，照了法性故名观门。还于眼根境界中，通达耳、鼻、舌、身、意等，诸根境界，悉明了无碍，不一不异相故，故名还门。

复次，见已眼根境界，还于十方凡圣眼界中现故，亦名为还门。虽了了通达见如是事，而不起妄想分别，知本性常净，无可染法，不住不着，不起法爱，故名净门。

此则略说于眼根清净中，证相似六妙门相。余五根亦如是，广说如《法华经》明也。

云何名真实圆证六妙门？有二种：一者别对，二通对。别对者，十住为数门，十行为随门，十回向为止门，十地为观门，等觉为还门，妙觉为净门。二通对者，有三种证：一者，初证；二者，中证；三者，究竟证。初证者，有菩萨入阿字门，亦名初发心住，得真无生法忍慧。尔时，能于一念心中，数不可说微尘世界诸佛菩萨、声闻、缘觉诸心行，及数无量法门，故名数门。能一念心中，随顺法界所有事业，故名随门。能一念心中，入百千三昧及一切三昧，虚妄及习俱止息故，名为止门。能一念心中，觉了一切法相，具足种种观智慧，故名观门。能一念心中，通达诸法，了了分明，神通转变调伏众生，反本还源，故名还门。能一念心中，成就如上所说事而心无染着，不为诸法之所染污故，亦能净佛国土，令众生入三乘净道，故名为净门。

初心菩萨入是法门，如经所说，亦名为佛也。已得般若正慧，开如来藏，显真法身，具首楞严，名见佛性，住大涅槃，入法华三昧不思议一实境界也。广说如《华严经》中所明，是为初住证不可思议真实六妙门也。

中证者，余九住、十行、十回向、十地、等觉地，皆名中证不可思议真实六妙门也。

云何名究竟圆证六妙门？后心菩萨入荼字门，得一念相应慧，妙觉现前，穷照法界，于六种法门究竟通达，功用普备，无所缺减，即是究竟圆满六妙门也。

　　分别数、随、止、观、还、净，诸法门证相，意不异前，但有圆极之殊。故《璎珞经》云：三贤十圣忍中行，唯佛一人能尽源。《法华经》言：唯佛与佛，乃能究尽诸法实相。此约修行教道，作如是说，以理而为论，法界圆通，诸佛菩萨所证法门，始终不二。故《大品经》言：初阿后荼，其意无别。《涅槃经》言：发心毕竟二不别，如是二心先心难。《华严经》言：从初地悉具一切诸地功德。《法华经》言：如是本末究竟等。

附录二　修习止观坐禅

法要（节选）

［隋］智　顗　撰

附录二　修习止观坐禅法要（节选）

［隋］智　顗　撰

题　解

《修习止观坐禅法要》一书分为上下两

题　解

　　《修习止观坐禅法要》一书分为上、下两卷，隋智者大师智颉为俗兄陈鍼作，是书为天台宗修行的精髓。因其以小摄广，故又名《小止观》，复因其具启迪童蒙，开导枢机宝钥之效，亦名《童蒙止观》。全书由序分、正宗分、流通分三部分组成，收入《大正藏》第四十六卷，有《具缘第一》至《证果第十》凡十篇。今选择其中切要于静坐养生的《调和第四》、《觉知魔事第八》、《治病第九》三篇，作为"附录三"附于书尾，以飨读者。期望能于读者习练静坐，有所裨益。

诸恶莫作，众善奉行，

自净其意，是诸佛教。

若夫泥洹之法，入乃多途，论其急要，不出止、观二法。所以然者，止乃伏结之初门，观是断惑之正要；止则爱养心识之善资，观则策发神解之妙术；止是禅定之胜因，观是智慧之由藉。若人成就定慧二法，斯乃自利利人，法皆具足。故《法华经》云："佛自住大乘，如其所得法，定慧力庄严，以此度众生。"当知此之二法，如车之双轮，鸟之两翼。若偏修习，即堕邪倒。故经云：若偏修禅定福德，不学智慧，名之曰愚。偏学智慧，不修禅定福德，名之曰狂。狂愚之过，虽小不同，邪见轮转，盖无差别。若不均等，此则行乖圆备，何能疾登极果。故经云："声闻之人定力多故，不见佛性。十住菩萨智慧方多，虽见佛性，而不明了。诸佛如来定慧力等，是故了了见于佛性。"以此推之，止观岂非泥洹大果之要门，行人修行之胜路，众德圆满之指归，无上极果之正体也。

若如是知者，止观法门，实非浅故。欲接引始学之流辈，开蒙冥而进道，说易行难，岂可广论深妙。今略明十意，以示初心行人，登正道之阶梯，入泥洹之等级，寻者当愧为行之难成，毋鄙斯文之浅近也。若心称言旨，于一眴间，则智断难量，神解莫测。若虚构文言，情乖所说，空延岁月，取证无由，事等贫人数他财宝，于己何益者哉？

具缘第一

诃欲第二

弃盖第三

调和第四

方便第五

正修第六

善发第七

觉魔第八

治病第九

证果第十

今略举此十意，以明修止观者，此是初心学坐之急要，若能善取其意而修习之，可以安心免难，发定生解，证于无漏之圣果也。

调和第四

　　夫行者初学坐禅，欲修十方三世佛法者，应当先发大誓愿，度脱一切众生，愿求无上佛道，其心坚固，犹如金刚，精进勇猛，不惜身命，若成就一切佛法，终不退转。然后坐中正念思惟一切诸法真实之相，所谓善、不善、无记法，内外根尘妄识一切有漏烦恼法，三界有为生死因果法，皆因心有。故《十地经》云："三界无别有，唯是一心作。若知心无性，则诸法不实。"心无染着，则一切生死业行止息。作是观已，乃应如次起行修习也。

　　云何名调和？今借近譬，以况斯法。如世间陶师，欲造众器，先须善巧调泥，令使不僵不懦，然后可就轮绳；亦如弹琴，前应调弦，令宽急得所，方可入弄，出诸妙曲。行者修心，亦复如是。善调五事，必使和适，则三昧易生；有所不调，多诸妨难，善根难发。

　　一，调食者：夫食之为法，本欲资身进道。食若过饱，则气急身满，百脉不通，令心闭塞，坐念不安；若食过少，则身羸心悬，意虑不固。此二皆非得定之道。若食秽触之物，令人心识昏迷；若食不宜之物，则动宿病，使四大违反。此为修定之初，须深慎之也。故经云：身安则道隆。饮食知节量，常乐在空闲，心静乐精进，是名诸佛教。

　　二，调睡眠者：夫眠是无明惑覆，不可纵之。若其眠寐过多，非唯废修圣法，亦复丧失功夫，而能令心暗昧，善根沉没。当觉悟无常，调伏睡眠，令神气清白，念心明净，如是乃是可棲心圣境，三昧现前。故经云："初夜后夜，亦勿有废，无以睡眠因缘，令一生空过，无所得也。当念无常之火，烧诸世间，早求自度，勿睡眠也。"

三，调身。四，调息。五，调心。此三应合用，不得别说；但有初、中、后方法不同，是则入、住、出相有异也。

夫初欲入禅调身者：行人欲入三昧调身之宜，若在定外，行住进止，动静运为，悉须详审。若所作粗犷，则气息随粗。以气粗故，则心散难录，兼复坐时烦愦，心不恬怡。身虽在定外，亦须用意逆作方便。后入禅时，须善安身得所。

初至绳床，即须先安坐处，每令安稳，久久无妨。次当正脚。若半跏坐，以左脚置右脚上，牵来近身，令左脚指与右髀齐，右脚指与左髀齐。若欲全跏，即正右脚置左脚上。次解宽衣带周正，不令坐时脱落。次当安手。以左手掌置右手上，重累手相对，顿置左脚上，牵来近身，当心而安。

次当正身。先当挺动其身，并诸支节，作七八反，如似按摩法，勿令手足差异，如是已，则端直，令脊骨勿曲勿耸。

次正头颈。令鼻与脐相对，不偏不斜，不低不昂，平面正住。

次当口吐浊气。吐气之法：开口放气，不可令粗急，以之绵绵，恣气而出，想身分中百脉不通处，放息随气而出。闭口，鼻纳清气。如是至三；若身息调和，但一亦足。次当闭口，唇齿才相拄著，舌向上腭。次当闭眼，才令断外光而已。

当端身正坐，犹如奠石，无得身首四肢切尔摇动。是为初入禅定调身之法。举要言之，不宽不急，是身调相。

四，初入禅调息法者：息有四种相，一风、二喘、三气、四息。前三为不调相，后一为调相。

云何为风相？坐时则鼻中息出入觉有声，是风也。

云何喘相？坐时息虽无声，而出入结滞不通，是喘相也。

云何气相？坐时息虽无声，亦不结滞，而出入不细，是气相也。

云何息相？不声不结不粗，出入绵绵，若存若亡，资神安稳，情抱悦豫，此是息相也。

守风则散，守喘则结，守气则劳，守息即定。坐时有风喘气三相，是名不调；而用心者，复为心患，心亦难定。若欲调之，当依三法：一者下著安心，二者宽放身体，三者想气遍毛孔出入，通同无障。若细其心，令息微微然；息调则众患不生，其心易定。是名行者初入定时调息方法。举要言之，不涩不滑，是调息相也。

五，初入定时调心者，有三意：一入、二住、三出。

初入有二义：一者调伏乱想，不令越逸；二者，当令沉、浮、宽、急得所。

何等为沉相？若坐时心中昏暗，无所记录，头好低垂，是为沉相。尔时当系念鼻端，令心住在缘中，无分散意，此可治沉。何等为浮相？若坐时心好飘动，身亦不安，念外异缘，此是浮相。尔时宜安心向下，系缘脐中，制诸乱念，心即定住，则心易安静。举要言之，不沉不浮，是心调相。

其定心亦有宽急之相：定心急病相者，由坐中摄心用念，因此入定，是故上向胸臆急痛。当宽放其心，想气皆流下，患自差矣。若心宽病相者，觉心志散慢，身好逶迤，或口中涎流，或时暗晦。尔时应当敛身急念，令心住缘中，身体相持，以此为治。心有涩滑之相，推之可知，是为初入定调心方法。

夫入定本是从粗入细，是身既为粗，息居其中，心最为细静。调粗就细，令心安静，此则入定初方便也，是名初入定时调二事也。

二，住坐中调三事者：行人当于一坐之时，随时长短，十二时，或经一时，或至二三时，摄念用心。是中应须善识身息心三事调不调相。若坐时向虽调身竟，其身或宽或急，或偏或曲，或低或昂，身不端直，觉已随正，令其安隐，中无宽急，平直正住。复次一坐之中，身虽调和，而气不调和。不调和相者，如上所说，或风或喘，或复气急，身中胀满，当用前法随而治之，每令息道绵绵，如有如无。次一坐中，身息虽调，而心或浮沉宽急不定，尔时若觉，当用前法调令中适。

此三事的无前后，随不调者而调适之，令一坐之中，身息及心三事调适，无相乖越，和融不二，此则能除宿患，妨障不生，定道可克。

三，出时调三事者：行人若坐禅将竟，欲出定时，应前放心异缘，开口放气，想从百脉随意而散，然后微微动身，次动肩膊及手头颈，次动二足，悉令柔软，次以手遍摩诸毛孔，次摩手令暖，以掩两眼，然后开之。待身热稍歇，方可随意出入。若不尔者，坐或得住心，出既顿促，则细法未散，住在身中，令人头痛，百骨节僵，犹如风劳，于后坐中烦躁不安。

是故心欲出定，每须在意。此为出定调身息心方法。以从细出粗故，是名善入住出。如偈说："进止有次第，粗细不相违，譬如善调马，欲往而欲去。"

《法华经》云："此大众诸菩萨等，已于无量千万亿劫，为佛道故，勤行精进，善入住出无量百千万亿三昧，得大神通，久修梵行，善能次第习诸善法。"

觉知魔事第八

梵音魔罗，秦言杀者，夺行人功德之财，杀行人智慧之命，是故名之为恶魔。事者，如佛以功德智慧，度脱众生入涅槃为事，魔常以破坏众生善根，令流转生死为事。若能安心正道，是故道高方知魔盛，仍须善识魔事，但有四种：一烦恼魔，二阴入界魔，三死魔，四鬼神魔。三种皆是世间之常事，及随人自心所生，当须自心正除遣之，今不分别；鬼神魔相，此事须知，今当略说。

鬼神魔有三种：一者精魅。十二时兽，变化作种种形色，或作少女、老宿之形，乃至可畏身等非一，恼惑行人。此诸精魅欲恼行人，各当其时而来，善须别识。若于寅时来者，必是虎兽等；若于卯时来者，必是兔鹿等；若于辰时来者，必是龙龟等；若于巳时来者，必是蛇蟒等；若于午时来者，必是马驴驼等；若于未时来者，必是羊等；若于申时来者，必是猿猴等；若于酉时来者，必是鸡乌等；若于戌时来者，必是狗狼等；若于亥时来者，必是猪等；子时来者，必是鼠等；丑时来者，必是牛等。行者若见常用此时来，即知其兽精，说其名字诃责，即当谢灭。

二者堆剔鬼。亦作种种恼触行人，或如虫蝎缘人头面，钻刺熠熠，或击枥人两腋下，或乍抱持于人，或言说音声喧闹，及作诸兽之形，异相非一，来恼行人。应即觉知，一心闭目，阴而骂之，作是言："我今识汝，汝是阎浮提中食火嗅香偷腊吉支，邪见喜破戒种。我今持戒，终不畏汝。"若出家人，应诵戒本；若在家人，应诵三皈五戒等。鬼便却行匍匐而去。如是若作种种留难恼人相貌，及余断除

121

之法，并如禅经中广说。

三者魔恼。是魔多化作三种五尘境界相来破善心：

一，作违情事，则可畏五尘，令人恐惧；

二，作顺情事，则可爱五尘，令人心著；

三，非违非顺事，则平等五尘，动乱行者。

是故魔名杀者，亦名华箭，亦名五箭，射人五情故，名色中作种种境界惑乱行人。作顺情境者，或作父母兄弟、诸佛形像、端正男女可爱之境，令人心著；作违情境界者，或作虎狼师子罗刹之形，种种可畏之像，来怖行人；作非违非顺境者，则平常之事，动乱人心，令失禅定。故名为魔。

或作种种好恶之音声，作种种香臭之气，作种种好恶之味，作种种苦乐境界，来触人身，皆是魔事。其相众多，今不具说。举要言之，若作种种五尘，恼乱于人，令失善法，起诸烦恼，皆是魔军，以能破坏平等佛法，令起贪欲、忧愁、瞋恚、睡眠等诸障道法。如经偈中说："欲是汝初军，忧愁为第二，饥渴第三军，渴爱为第四，睡眠第五军，怖畏为第六，疑悔第七军，瞋恚为第八，利养虚称九，自高慢人十。如是等众军，压没出家人。我以禅智力，破汝此诸军，得成佛道已，度脱一切人。"

行者既觉知魔事，即当却之。却法有二：一者修止却之。凡见一切外诸恶魔境，悉知虚诳，不忧不怖，亦不取不舍，妄计分别，息心寂然，彼当自灭。

二者修观却之。若见如上所说种种魔境，用止不去，即当反观能见之心，不见处所，彼何所恼，如是观时，寻当灭谢。若迟迟不去，但当正心，勿生惧想，不惜躯命，正念不动，知魔界如即佛界如，若魔界如、佛界如一如无二如，如是了知，则魔界无所舍，佛界无所取，佛法自当现前，魔界自然消灭。

复次，若见魔境不谢，不须生忧；若见灭谢，亦勿生喜。所以者何？未曾见有人坐禅，见魔化作虎狼来食人，亦未曾见魔化作男女来为夫妇，当其幻化，愚人不了，心生惊怖及起贪著，因是心乱，失定发狂，自致其患，皆是行人无智受患，非魔所为。若诸魔境恼乱行人，或经年月不去，但当端心正念坚固，不惜身命，莫怀忧惧。当诵大乘方等诸经治魔咒，默念诵之，存念三宝。若出禅定，亦当诵咒自防，忏悔惭愧，及诵波罗提木叉。邪不干正，久久自灭。魔事众多，说不可尽，善须识之。

是故初心行人，必须亲近善知识，为有如此等难事。是魔入人心，能令行者心神狂乱，或喜或忧，因是成患致死；或时令得诸邪禅定、智慧、神通、陀罗尼，说法教化，人皆信伏，后即坏人出世善事，及破坏正法。如是等诸异非一，说不可尽，今略示其要，为令行人于坐禅中，不妄受诸境界。取要言之，若欲遣邪归正，当观诸法实相，善修止观，无邪不破。故《释论》云："除诸法实相，其余一切皆是魔事。"如偈中说："若分别忆想，即是魔罗网，不动不分别，是则为法印。"

治病第九

　　行者安心修道，或四大有病，因今用观心息鼓击发动本病，或时不能善调适身心息三事，内外有所违犯，故有病患。夫坐禅之法，若能善用心者，则四百四病自然除差；若用心失所，则四百四病因之发生。是故若自行化他，应当善识病源，善知坐中内心治病方法。一旦动病，非惟行道有障，则大命虑失。

　　今明治病法中有二意：一明病发相，二明治病方法。

　　一明病发相者，病发虽复多途，略出不过二种：一者四大增损病相。若地大增者，则肿结沉重，身体枯瘠，如是等百一患生。若水大增者，则痰阴胀满，食饮不消，腹痛下痢等百一患生。若火大增者，即煎寒壮热，支节皆痛，口气大小，便利不通等百一患生。若风大增者，则身体虚悬，战掉疼痛，肺闷胀气，呕逆气急，如是等百一患生。

　　故经云："一大不调，百一病起；四大不调，四百四病，一时俱动。"四大病发，各有相貌，当于坐时及梦中察之。

　　二者五藏生患之相。从心生患者，身体寒热，及头痛口燥等，心主口故。从肺生患者，身体胀满，四支烦疼，心闷鼻塞等，肺主鼻故。从肝生患者，多无喜心，忧愁不乐，悲思瞋恚，头痛眼暗昏闷等，肝主眼故。从脾生患者，身体面上，游风遍身，瘑痒疼痛，饮食失味等，脾主舌故。从肾生患者，咽喉噎塞，腹胀耳聋等，肾主耳故。五藏生病众多，各有其相，当于坐时及梦中察之可知。

　　如是四大五藏病患，因起非一，病相众多，不可具说。行者若欲修止观法门，脱有患生，应当善知因起。此二种病，通因内外发动。若外伤寒冷风热，饮食不消而病，从二处发者，当知因外发动。若由用心不调，观行违僻，或因定法发时不知取与，而致此二处患生，此因内发病相。

复次，有三种得病因缘不同。一者四大五藏增损得病如前说，二者鬼神所作得病，三者业报得病。如是等病，初得即治，甚易得差；若经久则病成，身羸病结，治之难愈。

二明治病方法者，既深知病源起发，当作方法治之。治病之法乃有多途，举要言之，不出止观二种方便。云何用止治病相？有师言："但安心止在病处，即能治病。"所以者何？心是一期果报之主，譬如王有所至处，群贼迸散。

次有师言："脐下一寸名忧陀那，此云丹田，若能止心守此不散，经久即多有所治。"

有师言："常止心足下，莫问行住寝卧，即能治病。"所以者何？人以四大不调，故多诸疾患，此由心识上缘，故令四大不调；若安心在下，四大自然调适，众病除矣。

有师言："但知诸法空无所有，不取病相，寂然止住，多有所治。"所以者何？由心忆想鼓作四大，故有病生；息心和悦，众病即差。故《净名经》云："何为病本？所谓攀缘。云何断攀缘？谓心无所得。"如是种种说，用止治病之相非一。故知善修止法，能治众病。

次明观治病者。有师言："但观心想，用六种气治病者，即是观能治病。"何等六种气？一吹、二呼、三嘻、四呵、五嘘、六呬，此六种息，皆于唇口之中，想心方便，转侧而作，绵微而用。颂曰："心配属呵肾属吹，脾呼肺呬圣皆知。肝藏热来嘘字至，三焦壅处但言嘻。"

有师言："若能善用观想运作十二种息，能治众患。"一上息、二下息、三满息、四焦息、五增长息、六灭坏息、七暖息、八冷息、九冲息、十持息、十一和息、十二补息。此十二息，皆从观想心生，今略明十二息对治之相：上息治沉重，下息治虚悬，满息治枯瘠，焦息治肿满，增长息治赢损，灭坏息治增盛，暖息治冷，冷息治热，冲息治壅塞不通，持息治战动，和息通治四大不和，补息资补四大衰。善用此息，可以遍治众患，推之可知。

有师言："善用假想观，能治众病。如人患冷，想身中火气起，即能治冷。"此如《杂阿含经》治病秘法七十二种法中广说。

有师言："但用止观检析身中，四大病不可得，心中病不可得，众病自差。"

如是等种种说，用观治病，应用不同，善得其意，皆能治病。

当知止观二法，若人善得其意，则无病不治也。但今时人根机浅钝，作此观想，多不成就，世不流传，又不得于此更学气术休粮，恐生异见。金石草木之药，与病相应，亦可服饵。

若是鬼病，当用强心加咒以助治之。若是业报病，要须修福忏悔，患则消灭。此二种治病之法，若行人善得一意，即可自行兼他，况复具足通达。若都不知，则病生无治，非唯废修正法，亦恐性命有虞，岂可自行教人！是故欲修止观之者，必须善解内心治病方法。其法非一，得意在人，岂可传于文耳！

复次，用心坐中治病，仍须更兼具十法，无不有益。十法者：一信、二用、三勤、四常住缘中、五别病因法、六方便、七久行、八知取舍、九持护、十识遮障。

云何为信？谓信此法必能治病。何为用？谓随时常用。何为勤？谓用之专精不息，取得差为度。何为住缘中？谓细心念念依法，而不异缘。何为别病因起？如上所说。何为方便？谓吐纳运心缘想，善巧成就，不失其宜。何为久行？谓若用之未即有益，不计日月，常习不废。何为知取舍？谓知益即勤，有损即舍之，微细转心调治。何为持护？谓善识异缘触犯。何为遮障？谓得益不向外说，未损不生疑谤。若依此十法，所治必定有效，不虚者也。

后 记

　　整理明代袁了凡《静坐要诀》原著，余并没有费多少工夫，因为原来的读本是民国时的校刊影印本，并已断句，平时也经常在阅读。在整理过程中，参阅了《摩诃止观》和《止观辅行》、《金光明经》、《小止观》、《六妙法门》等佛教经典。

　　人们常说：人身难得，佛法难闻。现今两样都得到了，应该是一件很好的事情。可是一回到现实生活中，真正开心的人并不多。人们不是常说，佛法不离世间法，难道是有矛盾的吗？余认为，大多是由于自身之四大没有调摄好的缘故，使得真正的法喜不能感受到。"静坐"一法是调摄四大和体悟法喜的最佳方法。静坐法对治疾病法，在《静坐要诀》和《六妙法门》中都有专门的篇幅，如何调四大及五脏病，如何对治身、心、灵疾病，如何消除业障病，如何消除修行中的魔障等，都有很详尽的对治方法，而人间福报也是随之而来的。总之，正确的静坐方法，无论男女老少都宜习之。静坐是养气功夫，静坐得法能改善体质和气质，提升修养。这是养生之正途。尤其是年轻的读者必须知道，养生始于婚孕阶段，好好学习，认真实践，功在自身，惠及子孙后代。

　　上海古籍出版社王兴康社长一直关心本书的整理出版，上海玉佛禅寺觉醒大和尚题写书名《袁了凡静坐要诀》，童力军、刘海滨、严克勤等编辑为本书的出版做了大量细致的工作，在此一并表示感谢。相信在诸位专家、大德的助力下，能接引更多的人来了解《袁了凡静坐要诀》，感悟生命的精彩。

严蔚冰　壬辰年初冬
写于上海科学会堂思南楼

增订本后记

2016 年 5 月，余在天津宝坻区参加了"首届袁了凡学术思想文化国际论坛"，在会上作了题为《袁了凡与静坐要诀》的发言，论文当天被人民网全文刊登，又被转载在"中国共产党党建网"的首页上，袁了凡先生和静坐法一时受到了特别的关注。420 年前袁了凡先生在宝坻当知县时，是个勤政爱民的清官，他在任上刊印出版了《静坐要诀》。据史料记载，《静坐要诀》在当时的上流社会也产生了一定的影响力。

2013 年上海古籍出版社出版了余整理和导读的《袁了凡静坐要诀》，其发行量和影响力都是事先没有预料到的。现在《袁了凡静坐要诀》和《达摩易筋经》《洗髓经》作为"中医导引三经"一并再版发行，是一件值得庆幸的事。

余常说，现在的生活比以前好得多，但真正健康开心的人似乎并不多，究其原因一定是出在身心不调上，四大不调和内心烦恼不断，生理和心理互相影响，如此则虽处佳境却难生欢喜心。"导引三经"可以让人们少走弯路，让静坐法进入到大家的生活中。静坐是开启智慧的上妙法门，无论男女老少皆可习之。对于年老体弱者而言，静坐可以祛除疾病，《静坐要诀》中有专门的篇幅讲解如何调伏四大及五脏病，如何对治身、心、灵疾病，如何消除业障病，如何消除修行中的魔障等，都有很详尽的对治方法。

对于年富力强者而言，静坐是养气的功夫，静坐得法能修身养性，提升个人气质、修养。对于处于婚孕期的年轻人，余一再告诫他们，养生始于婚孕，值此时机，好好学些导引养生的方法，认真地加以实践，不但自身受益，更能惠及子孙后代。

时值《袁了凡静坐要诀》增订本付梓之际，首先要感恩本书责任编辑刘海滨先生，他一如既往地以专业的眼光和严谨的态度为书籍文稿进行了细致的编辑工作。美术编辑严克勤先生为系列书籍的装帧设计用足了心思，发行部的同仁为书籍的多次印刷发行做了大量的工作，范峤青老师为本书画了插图，石卿也为系列书籍的文字、图片、影像做了大量基础工作，在此一并感谢。

回想 2009 年至今，九年的时间里，《达摩易筋经》、《洗髓经》、《袁了凡静坐要诀》得到了社会各界的支持和认可，限于篇幅不能一一提及，在此一并感谢。

此次再版，除改正少量错讹外，在《静坐要诀》正文后附录了两篇了凡先生解答静坐实修问题的书信。由于版式所限，书中各处未能展开讨论的内容及读者们来信、来电、来访所关心和咨询的问题，将留待《易筋经导引法传习录》一并展开讨论，期待得到各位专家及同仁的指正。

严蔚冰　戊戌年正月
写于浦东藏经室

新版后记

　　时光飞逝，一如白驹过隙，余整理并做导读的《袁了凡静坐要诀》出版已逾十年。近日，上海古籍出版社同仁提出续签出版合同，余欣然同意，并提出对原书附录的《摄生三要》做个导读，增强其实用性，得到了出版社同仁的支持。《摄生三要》是中医养生的基础，《静坐要诀》是中医导引的经典，两者互为次第，皆为修身养性的妙法，其法安全有效，余受益匪浅，故撰文导读与读者们分享。

　　近年来，人们愈发重视对传统文化的学习，社会上有为数不少的了凡读书会，余应邀参加过一些活动，发现越来越多的中青年知识分子参与其中，深感欣慰。在与他们的交流中发现，很多人是从《了凡四训》开始学习发愿、改过、积善、谦德的立命之法，这是善缘，当珍之宝之。但如果我们始终限于《了凡四训》而没有进一步深入学习了凡先生的其他经典，终究难以窥其全貌。

　　了凡先生出生于"文献世家"和"儒医世家"，其学问为"实学"，是实实在在、知行合一的学问。了凡先生提出"问道必穷其源，观物必洞其里"，为后人提供了很好的学习思路。学习必须扎实，见识必须广博，认知必须全面，如此方能穷其源而洞其里。因此在《大医袁了凡》中，余通过梳理袁氏五代儒医传承，厘清了凡先生的传承脉络。通过导读《祈嗣真诠》、《四书训儿俗说》、《静坐要诀》、《摄生三要》、《宝坻政书》、《了凡四训》等经典，学习了凡先生在不同人生阶段的际遇与智慧。婚孕之前以《祈嗣真诠》孕育健康聪慧的宝宝，为人父母后以《四书训儿俗说》教育子女，成年后以《静坐要诀》、

《摄生三要》修身养性、涵养静气，工作后以《宝坻政书》学习如何全心全意为人民服务，而《了凡四训》中更是包含了"立命"、"改过"、"积善"、"谦德"四门学问，是全家老少皆应学习的善书经典。唯有系统的学习了解，才能深刻理解了凡先生的君子风骨、大医精诚和家国情怀。

余是两项中医药非物质文化遗产项目的代表性传承人。中医非遗具有科学和文化的双重属性，所以除了做好非遗在高校、医院的专业传承工作外，余还特别注重其社会化传承、推广，而最好的社会化传承推广方式就是讲好其中的中医文化故事，因为好的故事都是来源于生活，贴近生活，具有很强的感染力和说服力。

我们学习经典、践行不辍就是"以文化己"，讲好故事，传承弘扬是为了"以文化人"，"文化自信"从来不是一句空洞的口号，文化自信需要通过自身不断地学习、实践、总结得来，在学习过程中如果能有个好的学习榜样，那自然是学有所依，事半功倍。正所谓"取法其上，得乎其中"。袁氏家族的百年传承正是我们学习的榜样。

本书在修订过程中，吾儿石卿作了大量的文字工作，吾长孙正易作了文字校对。吾友陆晞明先生题写了书名，在此一并表示感谢。

严蔚冰　甲辰年夏月吉日
写于上海浦东南书房